글 임정은

책을 좋아합니다. 특히 어린이책과 그림책을 더 좋아합니다. 책을 쓰고 배우며 어린이 독자들을 만날 수 있어서 좋습니다. 우리 앞에 놓인 문제들을 해결하는 데 도움이 되는 책을 쓰겠습니다. 지은 책으로는 《퀴즈, 미세먼지!》 《안전, 나를 지키는 법》 《모두를 위한 단풍나무집》 《열두 달 환경 달력》 《열려라, 뇌!》 《김치도 꽁치도 아닌 정치》 《세상을 바꾼 동물》 등이 있습니다.

그림 홍성지

서양화와 미술교육을 전공했고 영국에서 일러스트를 공부했습니다. 개성 있는 그림을 그리기 위해 세상의 모든 색과 선을 주머니에 넣고서 여행하기를 좋아합니다. 《쇄빙선, 얼음 바다를 헤쳐라》 《달콤한 기억을 파는 가게》 《우산들의 행진》 《이강환 선생님이 들려주는 응답하라 외계생명체》 《어린 과학자를 위한 반도체 이야기》 등에 그림을 그렸습니다.

감수 홍수열

쓰레기 문명 탈출을 돕는 쓰레기 해설가이자 쓰레기 통역가입니다. 쓰레기에 관한 이론과 제도, 정책, 현장을 아우르는 '쓰레기 박사'라는 별칭이 있습니다. 환경대학원에서 폐기물을 공부한 후 소각장 매립지 · 감염성 폐기물 · 다이옥신 · 편의점 쓰레기 등 다양한 쓰레기 문제를 연구했습니다. 우리가 꼭 알아야 할 쓰레기 상식을 알려 주는 동영상 채널 '도와줘요 쓰레기 박사'를 진행합니다. 지은 책으로는 《그건 쓰레기가 아니라고요》 《지금 우리 곁의 쓰레기》가 있습니다.

이토록 불편한 플라스틱

이토록 불편한 플라스틱

초판 1쇄 발행 2022년 12월 16일
초판 2쇄 발행 2023년 7월 25일
글 임정은 | 그림 홍성지 | 감수 홍수열
단행본팀 정윤경·김채은 | 디자인 이아진 | 제작 박천복 김태근 고형서
마케팅 윤병일 유현우 | 홍보디자인 최진주
펴낸이 김경택 | 펴낸곳 (주)그레이트북스
등록 2003년 9월 19일 제313-2003-000311호
주소 서울시 구로구 디지털로31길 20 에이스테크노타워5차 12층
대표번호 02-6711-8673 | 홈페이지 www.greatbooks.co.kr

ⓒ 임정은 홍성지 2022
ISBN 978-89-271-0705-7 74400
     978-89-271-9888-8 (세트)

저작권법에 의하여 한국 내에서 보호를 받는 저작물이므로 무단전재 및 복제를 금합니다.

KC마크는 이 제품이 공통안전기준에 적합하였음을 의미합니다.
제조국: 한국 | 사용연령: 4세 이상
⚠ 책장에 손이 베이거나 책 모서리에 다치지 않게 주의하세요.

차례

프롤로그_여기는 플라플라 체험카페입니다 6

제1관 역사관_플라스틱을 소개합니다

플라스틱을 찾아라! 10
뜻밖의 플라스틱 14
플라스틱 원료가 석유라고? 16
플라스틱 탄생의 순간 20
섬유 시장의 슈퍼스타, 플라스틱 22

제2관 과학관_플라스틱 없이 못 살겠어요

탄화수소 없이 플라스틱도 없어 26
중합체라 특별해 28
모양도 색깔도 다 달라 30
플라스틱에 숨은 숫자 34
플라스틱으로 담자, 들자, 입자 38

제3관 메타버스관·해양관_플라스틱 때문에 못 살겠어요

써도 써도 너무 써 44
플라스틱의 일생 48
썩지 않아요, 플라스틱 52
바다 위에 떠 있는 쓰레기 섬 56
바다의 소용돌이, 환류 58
동물을 괴롭히는 플라스틱 쓰레기 60

닭뼈와 플라스틱 62

제4관 종합 상황실_플라스틱, 작아질수록 심각해요

작고 작은 미세 플라스틱 66
옷에서도 미세 플라스틱이 나온다고? 68
피를 타고 흐르는 나노 플라스틱 70
미세 플라스틱은 어떻게 몸속으로 들어올까? 72
플라스틱, 금지하고 거르자 74
플라스틱을 내쫓는 나라들 76

제5관 명예의 전당_플라스틱 제로를 향해

바닷속 미세 플라스틱 탐사 전동차 80
우리는 더 이상 안 쓰지, 비닐봉지 82
바다 위 쓰레기를 쓸어 담자 84
바이오 플라스틱은 괜찮을까? 88
플라스틱을 먹는 곤충이 있다고? 92
절망의 반대말, 행동! 94

에필로그_플라플라 체험카페를 부탁합니다 98

작가의 말 100
추천사 102
참고 자료 104

프롤로그

여기는 플라플라 체험카페입니다

안녕하세요, 여러분!
플라플라 체험카페에 오신 걸 환영해요.
이곳은 겉으로는 카페처럼 보일 거예요. 지붕과 벽은 물론 의자와 테이블, 음료수 잔, 접시, 빨대, 포크 등 모든 물건이 플라스틱으로 만들어진 아주 특별한 카페이긴 하지만요. 카페에서 파는 음료와 음식 그리고 저와 여러분을 제외하고는 전부 플라스틱이지요.
여러분은 오늘 아주 특별한 초대장을 받아서 이곳에 왔어요. 플라플라 체험카페에서 여러분은 플라스틱의 역사를 만나고, 과학을 살펴보며 메타버스 세계를 여행할 수 있어요. 근사한 배를 타고 바다로 나가거나 명예의 전당을 둘러보는 일도 가능하지요.

플라스틱을 찾아라!

놀랐나요? 카페 안쪽에서 가정집이 나타나서요. 여러분이 사는 집과 많이 다르지 않을 거예요. 편안하게 둘러보면서 플라스틱을 찾아보세요. 가능한 한 많이요.

우선 주방부터 볼까요? 음료수가 담긴 페트병이 있네요. 배달 음식을 담았던 식기, 포크 등 일회용품은 전부 플라스틱이라고 보아도 좋아요. 이뿐 아니라 아기가 쓰는 젖병, 반찬을 담아 보관하는 밀폐 용기도 플라스틱이지요.

방 안을 자세히 보니 컴퓨터 키보드도 가위 손잡이 부분도 플라스틱으로 만들어졌군요. 우리가 자주 쓰는 볼펜도 플라스틱이고요.

욕실 안도 한번 살펴보세요. 화장품 용기, 샴푸 통, 보디 워시 통… 전부 다 플라스틱이에요. 거실에도 플라스틱으로 만든 물건들이 많아요. 진공청소기, 리모컨, 화분 받침대까지 플라스틱이에요. 다 찾으려면 한도 끝도 없겠어요.

이제 여러분께 특수 고글을 나누어 드릴게요. 세상에 아직 출시되지 않은 신상품이죠. 오직 여기 플라플라 체험카페에서만 만날 수 있답니다. 이 특수 고글을 쓰면 플라스틱으로 만든 물건만 빛나 보여요.

다들 하나씩 끼고 집 안을 다시 둘러보세요. 유독 밝게 빛나는 물건들이 보이나요? 놀랍게도 전부 다 플라스틱이에요.

플라스틱은 이렇게 무궁무진해요. 우리가 먹고 마시고 사용하는 물건들 중 많은 것들이 플라스틱으로 만들어졌어요. 실은 우리 모두 태어나서 죽는 순간까지 플라스틱을 쉴 새 없이 쓰고 만진답니다. 플라스틱으로 둘러싸여 산다고 해도 과언이 아니에요.

뜻밖의 플라스틱

그런데 여러분이 찾은 물건 말고도 눈에 띄게 빛나는 것들이 또 있어요. 식탁 위에 놓인 과자 봉지도 반짝이지 않나요?

편의점에서 물건을 사고 담아 온 비닐봉지, 시장에서 콩나물을 살 때 받은 검정 비닐, 쓰레기를 버릴 때 쓰는 종량제 봉투도 플라스틱이에요. 얇고 가벼운 포장재가 플라스틱이라고 하니 어딘가 어색하죠? 그런데 비닐봉지도 엄연한 플라스틱이에요.

먼저 플라스틱이라는 말을 들으면 어떤 느낌이 드나요? 딱딱하고 알록달록한 장난감 블록 같은 모습을 떠올리는 분들이 많을 거예요. 하지만 플라스틱은 훨씬 더 다양한 모습과 용도로 우리 생활 속에 들어와 있어요. 비닐봉지처럼 말이죠.

영어를 쓰는 나라에서는 비닐봉지를 '플라스틱 백(plastic bag)'이라고 불러요. 플라스틱으로 만든 봉지라는 뜻이에요.

비닐봉지 말고도 플라스틱으로 만든 물건들을 더 찾아볼까요? 이번에는 냉장고를 열어 볼게요. 접시에 놓인 돼지고기를 싼 투명한 랩도 플라스틱이에요. 음료수 병에 꽂힌 빨대도 플라스틱이고요.

신발장 안도 살펴보세요. 여름 패션 아이템인 가볍고 투명한 젤리 슈즈도 빛이 나요. 한때 크게 유행해서 미국 대통령도 신었던 편한 신발도 보이는군요. 여러분이 입은 옷도 마찬가지예요. 옷을 만드는 데 쓰인 폴리에스터라는 합성 섬유도 플라스틱이거든요.

그런데 우리 얼굴과 피부에서도 약간 희미한 빛이 나는 것 같지 않나요? 몸이 플라스틱으로 되어 있을 리는 없는데 말이에요.

우리 몸에 숨은 비밀은 4관에서 말씀드릴게요. 한 번에 너무 많은 내용을 설명하면 기억을 못할 수도 있으니까요. 이제 특수 고글을 벗고 저를 따라오세요.

플라스틱 원료가 석유라고?

 그러면 과연 언제부터 플라스틱이 이렇게 당연한 듯이 우리 생활 속에 파고들었을까요? 이번에는 플라스틱의 흔적을 쫓아 인류 역사를 돌아보기로 합시다.

 이곳은 플라스틱의 기원을 살펴볼 수 있는 역사관이에요. 플라플라 체험카페에서 만든 타임캡슐을 타 볼 수 있죠. 오늘 여러분에게만 특별히 탑승 기회를 드릴게요. 플라스틱의 원료가 되는 물질을 알아보기 위해 지극히 제한적으로 사용할 거라 문제는 없어요. 그럼 시간 이동을 시작할까요?

금세 도착했네요. 다들 창밖을 보세요!

우리는 지금 1억 년 전으로 이동했어요. 저기 오래 전 멸종한 공룡들과 식물들이 보이네요.

저 커다란 공룡들과 무성한 식물들이 죽으면 어떻게 될까요? 아마 땅속에 묻힐 거예요. 깊은 바다 속에 사는 생물들도 마찬가지고요.

우리 몸이 죽으면 썩듯이 1억 년 전에 살았던 생물들도 죽은 뒤 서서히 썩었어요. 진흙에 파묻힌 동식물 사체, 다시 말해 유기 물질은 아주 오랜 시간 동안 땅속에서 무시무시한 압력과 열을 받았어요.

이뿐만이 아니에요. 과거 지구와 지금 우리가 사는 지구 사이에는 지각 변동도 있었어요. 판이 위아래로 움직이고 지층이 솟구치거나 가라앉았죠.

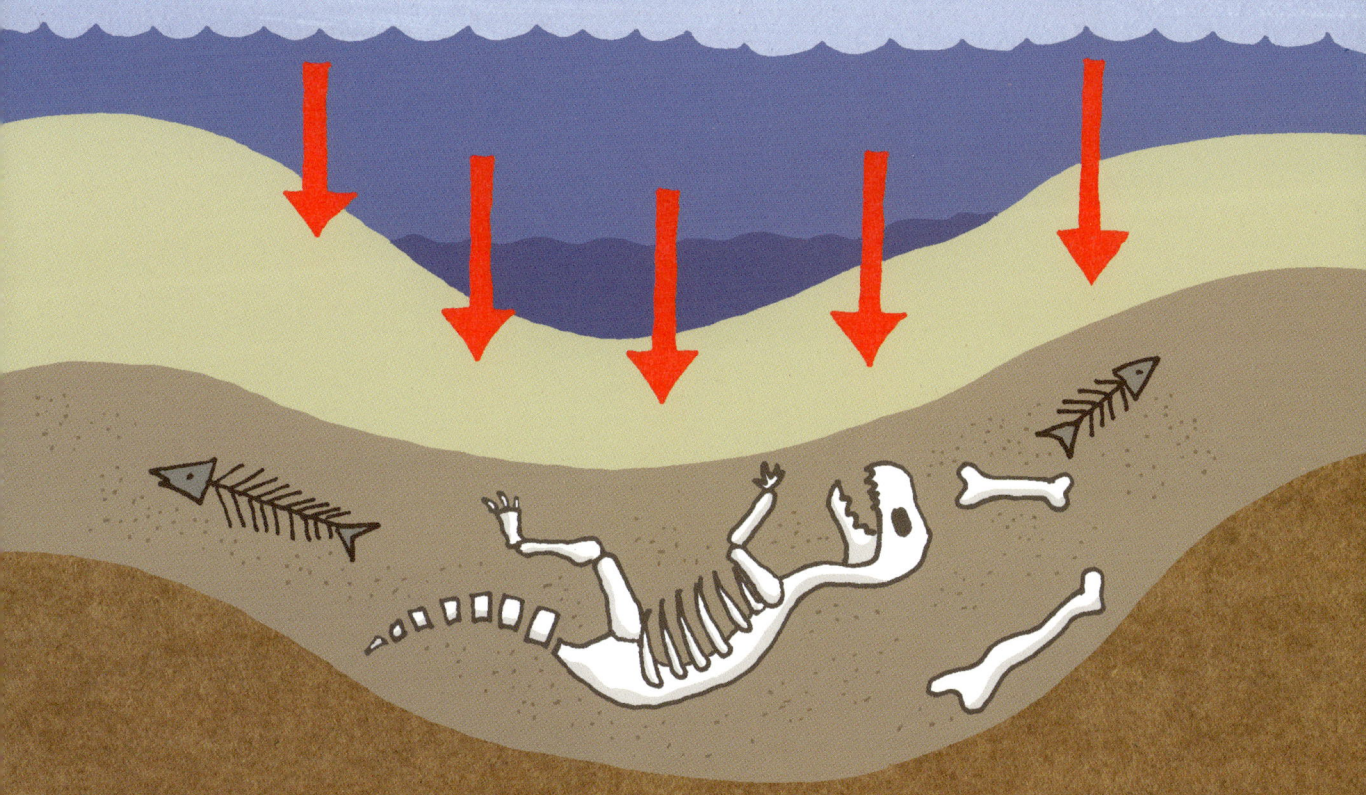

그러다 보니 유기 물질은 자연스레 땅속에서 분해되어 성분 변화를 겪었어요. 단단한 암석층 밑에서 기름과 가스로 나뉘었죠. 이 물질들의 정체가 바로 석유와 천연가스랍니다. 진득하고 끈적한 액체가 석유이고 투명한 기체가 천연가스예요.

석유는 우리가 잘 아는 석탄과 같은 화석 연료예요. 하지만 화석이 변해서 석탄이나 석유가 되었다는 뜻은 아니에요. 화석처럼 오랜 기간에 걸쳐 생긴 연료라는 의미지요.

혹시 텔레비전이나 인터넷에서 석유를 본 적 있나요? 아스팔트 공사를 하는 모습은요? 도로에서 커다란 롤러를 단 차가 아주 뜨겁고 거친 알갱이들을 누르고 있다면 그 알갱이가 바로 아스팔트예요. 아스팔트도 석유의 일종이지요.

그런데 땅 밑 깊은 곳이나 바다 속에서 끌어올린 석유는 훨씬 더 묽고 액체에 가까운 형태예요. 이 시커멓고 진득하고 이따금 불그스름하기도 한 석유가 바로 플라스틱의 원료랍니다.

까맣고 끈적한 석유가 플라스틱이 된다고? 고개를 갸웃거리는 분도 보이네요. 저도 그랬어요.

자, 그래서 다음 코스가 있습니다. 다시 한번 시간 이동을 할게요. 이번에는 플라스틱이 탄생한 역사적인 실험실로 떠납니다.

플라스틱 탄생의 순간

 플라스틱이 지금처럼 널리 쓰이게 된 데는 플라스틱의 가능성을 발견한 여러 사람의 노력이 있었어요. 단 한 번의 발명이나 실험으로 펑 이루어진 일이 아니죠. 그 위대한 역사적 순간들을 시간 순으로 여행하며 살펴볼게요.

 1869년 미국에 살던 존 웨슬리 하이엇은 세계 최초로 플라스틱 당구공을 개발했어요. 그는 원래 인쇄소에서 일하는 노동자였지만 당구공을 만들었지요.
 당시 당구공은 대중 스포츠로 인기가 많았는데 코끼리 엄니인 상아로만 만들 수 있었어요. 그런데 상아는 워낙 구하기도 힘들고 비싼 재료라서 상아 대신 당구공을 만들 재료를 개발하는 사람에게 상금이 걸릴 정도였지요.
 오랜 연구 끝에 존 웨슬리 하이엇은 나무 가루, 아교풀, 녹말 등 이것저것을 섞어서 만든 반투명한 셀룰로이드로 당구공을 제작하는 데 성공했어요. 셀룰로이드는

불에 잘 타고 모양이 잘 유지되지 않는 단점이 있어서 당구공으로 사용하기에는 적절하지 않았지만 최초의 플라스틱 상품이랍니다.

이번에는 1907년으로 가 볼게요. 레오 베이클랜드 박사는 전기 절연체를 개발하다가 우연히 투명한 갈색 물질을 만들었어요. 열을 가하면 딱딱해진다는 사실도 알게 되지요. 이 물질이 바로 페놀 수지예요.

굳지 않은 상태에서 틀에 넣고 그대로 굳히면 새로운 물건을 만들 수 있다니 얼마나 놀라워요? 플라스틱이라는 신세계가 본격적으로 펼쳐진 건 아마도 이때 이후일 거예요.

변화무쌍한 플라스틱은 모두를 설레게 했어요. 과학자들은 그때부터 너도나도 새로운 물질 개발에 뛰어들었어요. 그 결과 셀 수도 없이 다양한 종류의 플라스틱이 탄생했답니다.

섬유 시장의 슈퍼스타, 플라스틱

딱풀이나 액체 풀을 엄지와 검지 손가락에 묻히고 장난쳐 본 적이 있나요? 끈적끈적한 물질을 주무르고 만지다 보면 거미줄 같은 실이 생기는 걸 알 수 있어요. 비슷한 원리로 플라스틱에서도 섬유를 뽑아내는데, 그 첫 번째 주인공이 레이온이에요.

프랑스의 화학자인 일레르 드 샤르도네는 1884년에 실크처럼 광택이 나는 레이온을 발명했어요. 레이온은 인조 견사라고도 해요. 셀룰로오스를 원료로 만들지요.

누에에서 뽑은 실크는 천연 섬유로 광택이 있고 옷감으로 쓰면 아름답지만, 만들기가 어렵고 귀했어요. 그래서 실크를 대체할 인조 섬유를 찾다가 레이온이 탄생한 거예요.

레이온은 1889년 파리 만국 박람회에서 대상을 받을 정도로 큰 인기를 끌었답니다.

여기서 더 나아가 1938년에는 합성 섬유 나일론이 등장해요. 미국의 월리스 흄 캐러더스라는 화학자가 개발에 성공했지요.

나일론은 가볍고 부드러우면서 신축성도 좋았어요. 얼마나 대단했던지 기적의 섬유라는 칭송도 받아요. 나일론은 열과 물에 강하고 오염도 잘 되지 않아 세탁이 쉬웠어요. 그래서 "석탄, 물, 공기로 만들어 거미줄보다 가늘고 강철보다 강하다"라는 말과 함께 알려지며 순식간에 섬유 시장의 슈퍼스타가 되지요.

혜성처럼 등장해 시장을 휩쓴 플라스틱을 보며 사람들은 환호했어요. 좋아해도 너무 좋아했죠. 그렇다면 어떻게 플라스틱이 사람들의 환심을 살 수 있었던 걸까요? 다음 관으로 가서 플라스틱을 조금 더 파헤쳐 봅시다.

제2관 과학관

이번에는 플라플라 체험카페의 아주 기묘하고 특별한 과학실로 이동할게요. 플라스틱이 만들어지는 순간을 포착하기 위해 몸이 조금 작아지면 좋을 것 같군요.

얍!

플라스틱 없이 못 살겠어요

탄화수소 없이 플라스틱도 없어

이럴 수가! 우리 모두 원자만큼 작아졌어요. 많이 놀라셨나요? 걱정 마세요. 시간이 지나면 저절로 원래 크기로 돌아가니까요. 석유가 플라스틱이 되는 원리를 알아보려고 잠깐 작아진 거예요.

사실 석유는 탄소 원자와 수소 원자가 결합된 형태예요. 석유뿐 아니라 모든 물질이 그보다 더 작은 원자로 이루어져 있지요.

탄소 원소 기호는 C예요. 수소 원소 기호는 H이고요. 탄소와 수소가 결합한 탄소 화합물 중에 가장 간단한 물질은 메테인이에요. 화학식으로 CH_4라고 써요. 가운데에 탄소가 있고 그 주위로 수소 4개가 결합한 모습이지요.

다른 물질도 한번 살펴볼까요? 에틸렌도 탄소와 수소로 이루어져 있어요. 석유를 정제하는 과정에서 에틸렌을 얻을 수 있는데 화학식으로는 C_2H_4라고 표현해요.

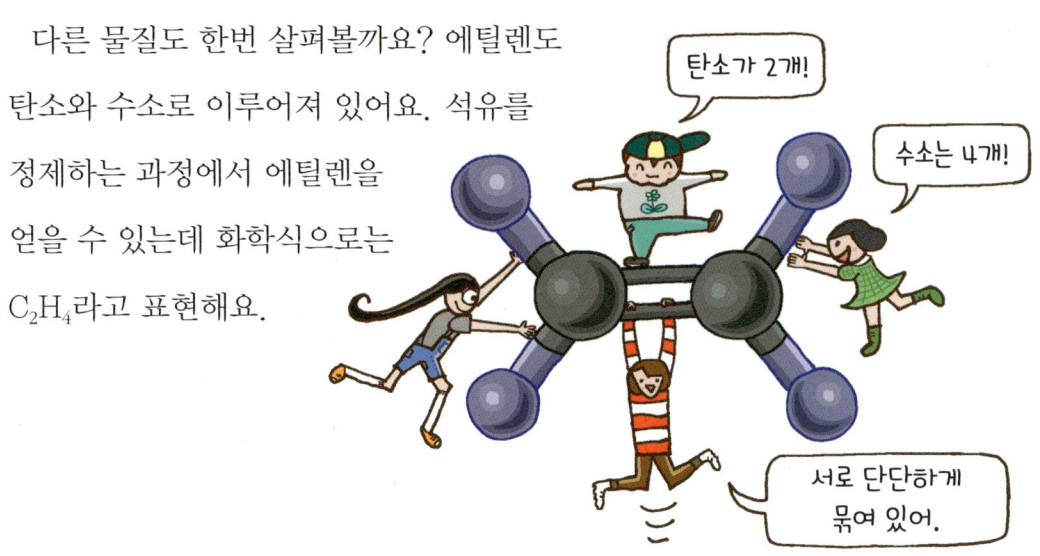

그런데 이 에틸렌은 다른 물질과 다르게 특이한 점이 있어요. 서로 연결된 두 개의 탄소를 풀어 주면 진주 목걸이처럼 줄줄이 이어진 사슬을 무한히 만들 수 있지요.

여러 개의 에틸렌으로 이어진 물질은 여럿이라는 의미를 가진 '폴리(poly)'가 붙어 폴리에틸렌이라고 불러요. 에틸렌과 폴리에틸렌은 분자 결합이 달라졌기 때문에 서로 다른 성질을 가진답니다.

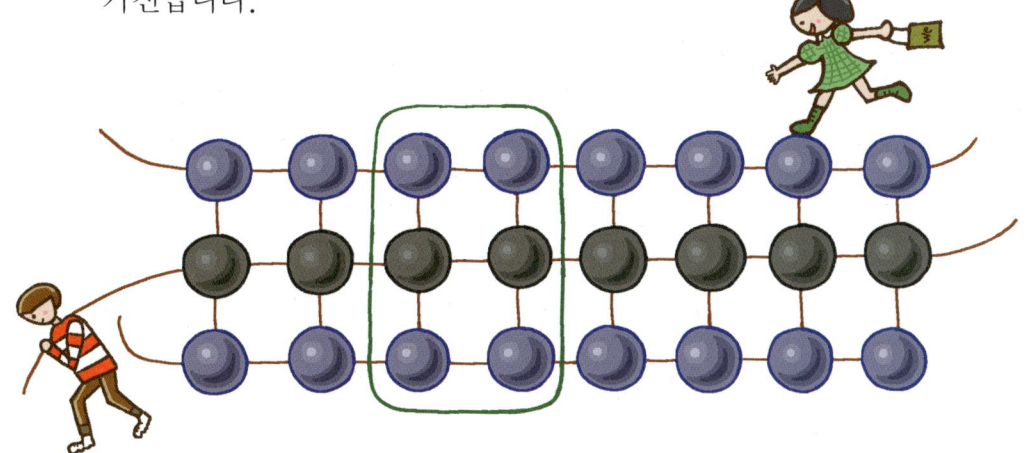

중합체라 특별해

앞서 본 폴리에틸렌처럼 여러 개의 분자가 반복적으로 연결된 고분자 물질을 중합체라고 해요. 다른 말로 '폴리머(polymer)'라고 부르지요. 사실 과학자들은 이렇게 긴 사슬을 이루는 분자 구조는 존재하지 않는다고 생각했어요. 1900년대 초반까지도 그렇게 믿었지요.

눈치가 빠른 분들은 이쯤에서 무슨 말을 하려는지 알았을 거예요. 플라스틱이 바로 중합체랍니다.

실은 자연에도 이미 중합체가 있어요. 우리 몸의 손톱과 뼈, 머리카락이 바로 중합체예요. 조개껍데기, 천연고무, 동물 뼈, 뿔, 나무껍질도 마찬가지고요. 그런데 플라스틱은 자연에 없던, 사람이 만들어 낸 중합체라는 점이 달라요.

인공적으로 만든 중합체인 플라스틱은 잘 휘어요. 부드럽고 유연하기 때문에 새로운 형태로 만들기가 좋지요. 플라스틱이라는 이름에도 그 뜻이 잘 담겨 있어요.

플라스틱은 '플라스티코스(plastikos)'라는 그리스어에서 나왔어요. 형태, 모양을 만든다는 뜻이지요. 자유자재로 모양을 바꿀 수 있는 플라스틱의 특징이 잘 드러나는 이름이에요.

여러분은 지점토나 찰흙을 주물러 뭔가를 만들어 본 적이 있나요? 아니면 명절에 쌀가루 반죽으로 송편을 빚어 본 적은요? 어떤 것을 조몰락거려서 내가 원하는 모양을 만들어 본 경험을 떠올려 보세요. 지점토와 찰흙, 쌀가루 반죽의 공통점은 무엇일까요? 바로 유연하다는 거예요.

플라스틱도 그래요. 잘 늘어나고 잘 구부러지고 정말 유연해요!

모양도 색깔도 다 달라

어떤 과학자는 플라스틱을 가리켜 외계 물질 같다고 했어요. 이제껏 지구에 없었던 물질이면서 어떻게 대해야 할지도 전혀 모른다는 점이 그렇죠. 맞아요. 플라스틱은 실험실에서 태어났어요. 자연에서 만난 적 없는 낯선 물질이죠. 그리고 이 낯선 물질이 지구를 온통 뒤덮었어요.

쓰레기를 분리배출할 때 우리는 플라스틱류로 버리는 것들은 다 같은 재질이겠거니 생각해요. 하지만 아니에요. 겉보기에는 비슷해 보여도 플라스틱은 모두 달라요. 종류도 많고 가지각색이죠. 그게 바로 문제예요.

우리가 흔히 사용하는 투명한 음료수 병을 떠올려 봐요. 이 병은 폴리에틸렌 테레프탈레이트(PETE)로 만든 플라스틱 제품으로 페트병이라고 불러요. 페트병은 안에 담긴 액체가 어떤 성질을 갖느냐에 따라 모양도 단단한 정도도 다르게 만들어지지요.

페트병마다 들어가는 재료가 모두 다르지요.

플라스틱이 다 다르게 생겼어요!

기업은 음료를 더 많이 팔아야 하니까 페트병 모양과 크기를 아주 섬세하게 디자인해요. 그런데 문제는 이렇게 페트병마다 생김새가 다르다 보니까 플라스틱 공정도 바뀐다는 거예요.

플라스틱마다 만드는 방법이나 순서가 다 다르다는 사실, 여러분은 알고 있었나요?

플라스틱 제품을 만들 때는 여러 색깔을 내는 염료나 첨가제가 들어가요. 어떤 음료수 병을 만드느냐에 따라 그 종류와 양이 달라지죠. 같은 김치찌개라도 집집마다 안에 들어가는 재료와 양이 조금씩 다 다르잖아요. 간을 맞추는 일만 해도 소금을 넣는 집도 있고, 국간장을 넣는 집도 있죠. 비슷한 원리로 플라스틱도 첨가제를 넣어 모양도 색깔도 다 다르게 만들 수 있어요.

그런데 문제는 이렇게 만든 플라스틱마다 분자 구조가 다 달라서 성질도 완전히 다르다는 거예요. 각자 모양도 색도 성격도 다른 플라스틱을 대체 어떻게 재활용해야 할까요?

우리가 빈 페트병을 모아서 분리배출해도 다 똑같은 방식으로 재활용할 수 없다면 일일이 구분해야 해요. 결국 재활용하는 데 더 많은 비용이 들어요. 재활용 자체도 더 어렵게 되고요.

플라스틱에 숨은 숫자

그렇다면 우리가 쓰는 물건에 어떤 플라스틱이 사용되는지 알 방법은 없을까요? 플라스틱 제품에는 숫자 마크가 들어가요. 이 숫자 마크가 플라스틱 종류와 처리 방법을 알려 줘요.

 **폴리에틸렌 테레프탈레이트(PETE)**

우리가 이미 잘 아는 플라스틱이에요. 줄여서 페트(PET)라고 부르지요. 투명하고 가볍기 때문에 생수병, 음료수병 등 다양한 제품에 사용돼요. 생수병처럼 투명한 용기는 재활용이 쉽지만 색깔을 내는 첨가제가 들어가면 가치가 떨어져서 좋지 않아요. 박테리아가 번식할 수도 있어 한 번만 사용하는 게 좋아요.

 ## 고밀도 폴리에틸렌(HDPE)

독성에 안전하고 인체에도 무해해요. 밀도가 높아 유연성이 부족한 대신 단단해서 장난감과 세제 용기, 우유병에 쓰이는 플라스틱이에요. 전자레인지에서도 사용할 수 있을 만큼 안전하고 재활용이 가능해요.

폴리염화비닐(PVC)

열에 약한 플라스틱으로 태울 때 인체에 해로운 독성 가스와 환경 호르몬이 발생해요. 다시 사용할 수 없고 재활용도 어렵지요. 가격이 저렴하고 여러 모양으로 만들 수 있어 인조 가죽 신발과 신용 카드, 우비, 바닥 장판 등 많은 물건에 쓰여요.

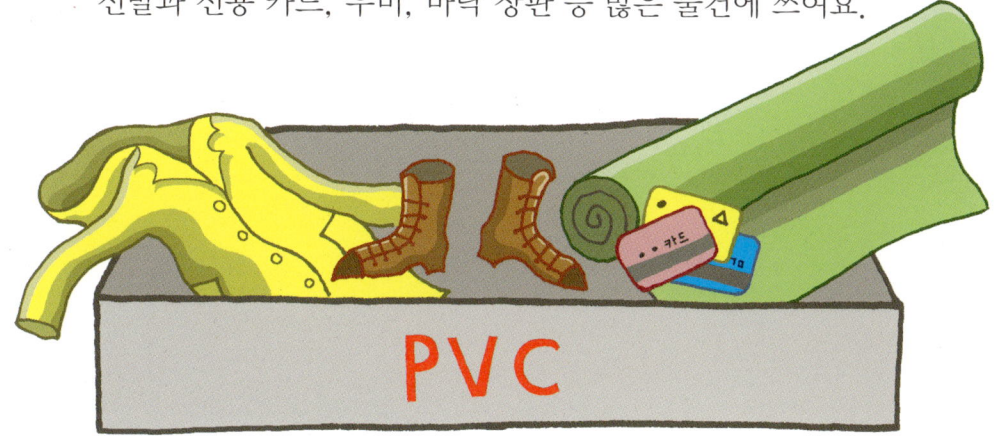

 **저밀도 폴리에틸렌(LDPE)**

밀도가 낮아 단단하지 않아요. 비닐봉지, 위생 장갑, 필름, 식품 포장재 등 얇고 투명한 제품에 주로 사용돼요.

 **폴리프로필렌(PP)**

열에 강해 고온에서 변형되거나 환경 호르몬을 배출하지 않아요. 전자레인지에서 사용할 수 있는 식품 용기뿐 아니라 페트병 뚜껑, 일회용 빨대는 물론 자동차 부품과 의료 장비를 만들 때도 쓰여요. 재활용이 가능해요.

 **폴리스티렌(PS)**

저렴하고 가벼워요. 모양을 바꾸는 게 쉽지만 열에는 약한 편이어서 전자레인지에 넣으면 안 돼요. 고온에 노출되면 유해물질이 나올 수 있어요. 요구르트 병이나 일회용 컵, 일회용 수저, 스티로폼 같은 완충재에 쓰여요. 수산 양식에 사용되는 스티로폼은 미세 플라스틱의 주범으로도 잘 알려져 있어요.

 **기타(OTHER)**

두 가지 이상의 재질을 섞어 만든 플라스틱을 말해요. 정확히 어떤 재질이 쓰였는지 알 수 없어서 재활용이 어려워요. 건축물의 지붕, 일회용 카메라, 즉석밥 용기 등이 기타에 속해요.

플라스틱으로 담자, 들자, 입자

생각해 보면 인류가 처음 만난 플라스틱은 참으로 고맙고 신기한 물질이었어요. 동물들은 그렇지 않은데 사람은 살아가는 데 필요한 게 참 많아요. 신발도 신어야 하고, 옷도 입어야 해요. 필요한 음식들을 담거나 보관하기 위해서도 여러 물건들이 필요하지요.

그런데 자연에서 구할 수 있는 재료는 한정되어 있어요. 나무, 흙, 동물 뼈나 이빨 같은 재료는 마음만 먹으면 구할 수 있지만 모양을 변형시키는 게 쉽지 않아요. 우리가 원하는 대로 만들거나 새롭게 빚을 수 있는 재료는 더더욱 적고요.

그런데 플라스틱은 틀만 있으면 어떤 모양이든 만들 수 있어요. 게다가 값도 싸고 가볍지요. 플라스틱이 만들어지기 전까지 이렇게 쓸모 많은 재료가 어디 있었나요?

사람들은 플라스틱에 홀딱 반했어요. 컵, 접시, 프라이팬 손잡이 같은 주방용품부터 키보드, 의자, 변기 커버 같은 생활용품까지 전부 플라스틱으로 만들었어요. 발에는 젤리 슈즈, 머리에는 플라스틱 머리핀, 몸에는 합성 섬유로 만든 옷을 걸치고 스타킹도 신었지요. 가전제품, 기계 부품도 몽땅 플라스틱을 사용했어요.

냄새 나는 생선을 담을 때는 비닐봉지를 쓰고, 고기를 담을 때도 깔끔하게 일회용 식기를 이용하지요. 가볍게 쓰고 휙 버리면 그만이니 얼마나 편해요.

플라스틱은 우리 생활 속에 깊숙이 침투해서 너무 많은 역할을 하게 됐어요. 플라스틱이라는 물질이 지구에 등장한 지 길게 잡아도 150여 년인데 우리는 플라스틱의 매력에 사로잡히고 만 거예요. 지구에 사는 사람들에게 없어서는 안 되는 절대적 존재, 그게 바로 플라스틱이에요.

그리고 그렇게, 우리는 플라스틱에 짓눌리게 됩니다.

어떻게?

바로 이렇게요.

플라플라 체험카페의 자랑! 메타버스관에 오신 걸 환영해요. 여기서는 실제 상황처럼 생생한 메타버스 체험을 할 수 있어요. 우리는 지금부터 메타버스 세상 속으로 들어갑니다. 아차, 그 전에 안전모부터 써야겠네요. 곧 우리 머리 위로 엄청난 플라스틱 쓰레기 더미가 떨어질 예정이니까요.

제3관 메타버스관·해양관

플라스틱 때문에 못 살겠어요

써도 써도 너무 써

어, 하늘에서 뭔가 떨어져요. 빗방울도 아니고 우박도 아닌 게…
빈 페트병과 플라스틱 쓰레기예요. 여러분, 도망가요. 플라스틱 비에
맞지 않게 서둘러요!

우리가 겪은 이 일은 2021년 국제 환경 단체인 그린피스가
플라스틱의 심각성을 알리기 위해 제작한 영상 일부예요.
　정치인들은 기후 위기에 대응해야 한다며 그럴 듯한 말은 하지만
정작 정책 변화에는 무심해 보여요. 그린피스는 이러한 태도를
꼬집기 위해 정치인이 연설하는 장소 바로 위 하늘에서 수백만 톤의
플라스틱 쓰레기가 쏟아져 내리는 영상을 만들었어요.

과장처럼 보이나요? 아니에요. 실제로 영국에서만 한 해 68만 8천 톤의 플라스틱 쓰레기를 다른 나라로 수출했어요. 매일 180만 킬로그램이 넘는 쓰레기를 해외로 보낸 셈이죠.

원래 플라스틱을 가장 많이 수입하던 국가는 중국이었어요. 그런데 중국 내 환경 오염 문제가 심각해지자 2018년부터는 플라스틱 쓰레기를 수입하지 않겠다고 결정했지요.

이제 중국으로 향하던 플라스틱 쓰레기들은 말레이시아, 태국 등 동남아시아로 향해요. 쓰레기를 받는 나라 대부분은 경제적으로 어렵기 때문에 어쩔 수 없이 쓰레기를 가져가요.

쓰레기를 많이 만들고 소비하는 일도 문제지만, 재활용이 어려운 쓰레기를 다른 나라에 떠넘기는 행동도 문제예요. 매립되거나 소각되지 못한 쓰레기들은 자연에 그대로 버려져서 끔찍한 환경 오염을 일으켜요.

플라스틱의 위협은 우리와는 관계없는 먼일처럼 느껴지기 쉬워요.
하지만 전 세계적으로 초당 2만 개, 분으로 계산하면 100만 개가
넘는 페트병이 늘어난다고 해요.

지금 이 순간에도 플라스틱이 계속 만들어진다고 생각해 보세요. 그리고 그 플라스틱이 금세 쓰레기가 되어 수백, 수천 년 동안 쌓인다고 상상해 봐요. 정말 숨 막히지 않나요?

플라스틱의 일생

비닐봉지 한 장은 평균 25분 정도 쓰이고 버려져요. 이렇게 짧게 사용되는 플라스틱, 어떻게 만들어지고 처리될까요?

뽑아낸 석유는 바로 쓸 수 없어요. 선박으로 정유 공장까지 옮겨서 필요에 따라 물질을 분리해야 해요.

유정:
석유를 얻기 위해 만든 시설이에요. 땅속이나 깊은 바닷속에 있는 석유를 파이프로 뽑아 올려요.

석유가 나오고 있어!

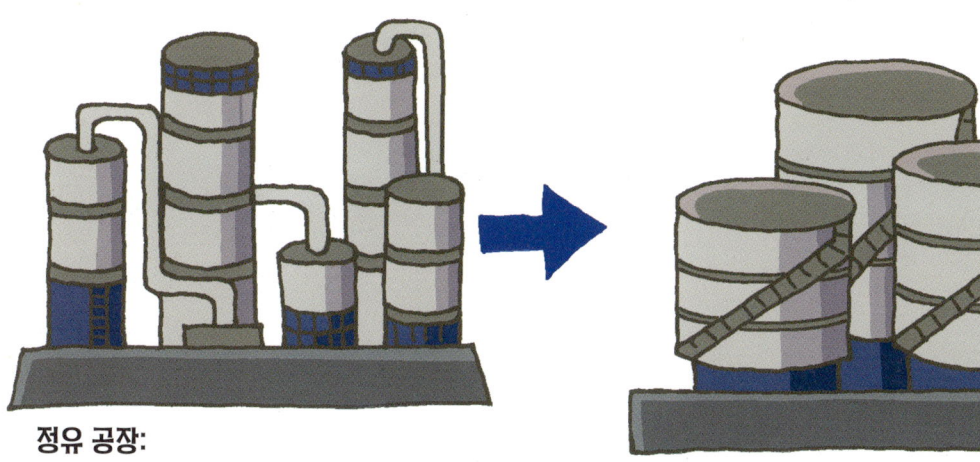

정유 공장:
원유를 가공 처리하여 석유 제품을 만드는 곳이에요.

원유 탱크:
커다란 탱크에 원유가 모여 있어요.

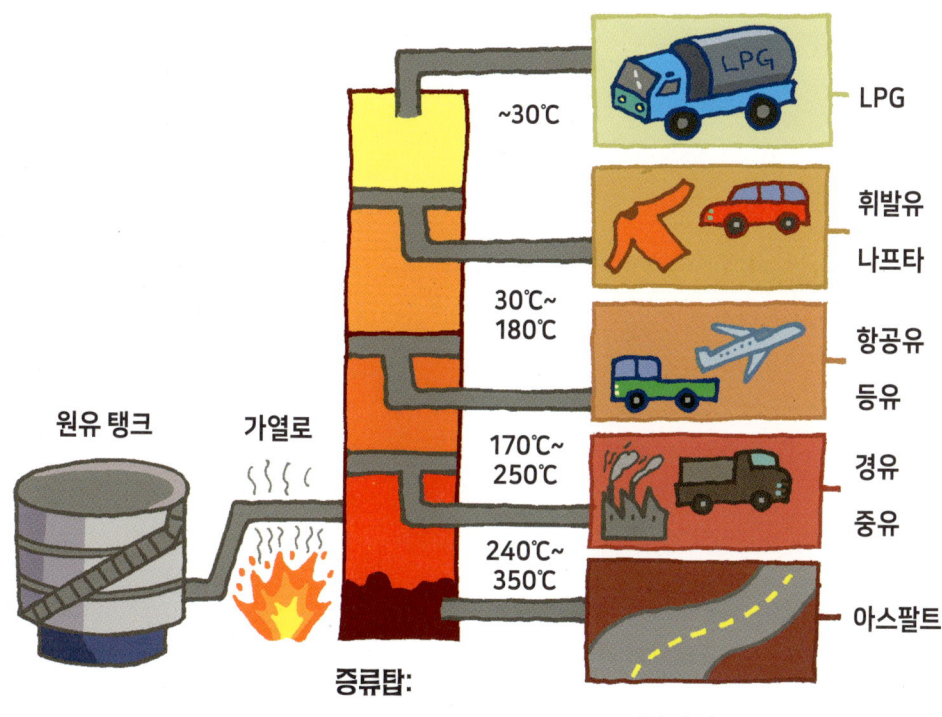

증류탑:
끓는점에 따라 여러 가지 기름으로 분류해요.

이렇게 만든 석유 제품은 다양한 곳에 쓰여요.

끓는점에 따라 여러가지 기름이 생기는구나.

49

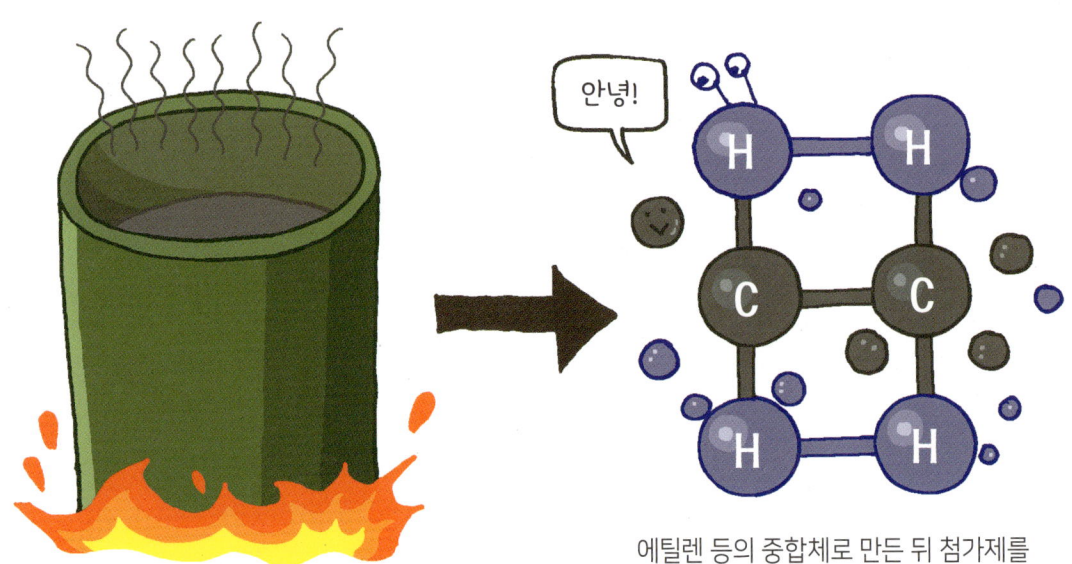

플라스틱은 앞서 본 정유 공장에서 만든 나프타를 이용해요. 나프타에 열을 가하면 에틸렌을 얻을 수 있지요.

에틸렌 등의 중합체로 만든 뒤 첨가제를 섞어 플라스틱을 만들어요.

플라스틱 알갱이인 펠릿을 만들어요. 펠릿은 공장에서 원하는 대로 녹여서 쓸 수 있어요.

재활용 시설로 간 폐플라스틱을 분류하고 부수고 깨끗하게 씻어요.

신기하다! 작은 플라스틱 알갱이가 됐어.

썩지 않아요, 플라스틱

여러분은 썩은 음식을 본 적이 있나요? 사과나 식빵, 밥을 오래 두면 곰팡이가 피고 끔찍한 냄새가 나요. 음식만 썩을까요? 동물도 죽으면 썩지요. 사람도 마찬가지고요.

썩는다는 것은 미생물이 분해한다는 뜻이에요. 다른 말로 '생분해'라고 해요. 무엇이든 썩으면 고약한 냄새가 나고 흐물흐물하고 보기에도 좋지 않지만 시간이 지나면 흙이 돼요.

그렇다면 플라스틱도 흙이 될까요? 아니요, 그렇지 않아요. 플라스틱은 고분자 물질이라서 분자의 결합이 튼튼하거든요. 미생물이 파고들어서 분해할 틈이 없지요. 그래서 플라스틱은 음식이나 동물, 사람과는 달리 잘 썩지 않아요.

플라스틱이 잘 썩지 않으니까 사람들은 좋아했어요. 위생적이라고 생각했거든요. 하지만 바로 그 점 때문에 플라스틱은 외계에서 온 물질처럼 지구에 어울리지 않게 된 거예요.

그렇다면 플라스틱은 영원히 분해되지 않을까요? 플라스틱 장난감도 오래 쓰면 망가져요. 몇 십 년 전에 산에 버려진 비닐봉지나 라면 봉지를 보면 너덜너덜하던데, 그건 분해가 아닐까요?

낡은 비닐봉지를 보면 생분해된다고 믿고 싶겠지만 실은 그건 '광분해'라는 현상이에요. 비닐봉지는 미생물이 아니라 태양광 때문에 바래고 부서져요.

생분해는 물질을 분해시켜 흙으로 만들지만, 광분해된 플라스틱은 미세 플라스틱처럼 작아질 뿐이에요. 크기만 줄어들어 흙이나 물속으로 스며들지요. 그 과정에서 유독한 기체가 나오고요.

　과학자들이 계산을 해 보니 비닐봉지 하나가 사라지는 데 500년 정도 걸린다고 해요. 그런데 플라스틱이 세상에 나온 지 채 200년이 안 돼요. 정말 500년이 지나면 없어질지도 확실하지 않아요. 얼마든지 더 걸릴 수도 있지요.

플라스틱 좀 그만 써!

바다 위에 떠 있는 쓰레기 섬

자, 이번에는 해양관으로 이동할게요. 모두 안전모를 벗고 구명조끼를 입으세요. 여러분이 탄 이 배는 전 세계 바다를 누비는 연구선이에요. 바다에 진입하면 다소 출렁거릴 수 있으니 모두 조심하세요!

모두 안전하게 탑승했으니 안내를 시작할게요. 이 배는 1997년 미국인 찰스 무어가 하와이에서 열린 요트 경주 때 탄 배를 본떠서 만들었어요. 왜냐하면 찰스 무어가 지금 우리가 보려고 하는 섬을 세상에 알렸기 때문이죠. 이제 곧 찰스 무어가 발견했던 아주아주 유명한 섬이 나타날 거예요.

　와! 입이 쩍 벌어지지요? 저도 몇 번이나 이곳으로 손님들을 안내했지만 올 때마다 깜짝 놀라요. 이곳이 바로 '플라스틱 아일랜드(Plastic island)'입니다!

　플라스틱 아일랜드는 북태평양 해류에 의해 떠밀려 와 모이기 시작한 거대한 플라스틱 쓰레기 더미를 말해요. 그 규모가 섬처럼 크고 넓어서 플라스틱 아일랜드라는 이름이 붙었지요.

　바다 위에 떠 있는 이 쓰레기 섬의 크기가 우리나라 남북한 전체를 합한 넓이의 일곱 배라고 해요. 정말 어마어마하지 않나요?

　이곳에 쌓인 쓰레기는 거의 대부분 플라스틱이에요. 폐그물, 스티로폼 부표 같은 어구부터 비닐봉지, 일회용 컵, 빨대…. 물에 뜨는 가벼운 플라스틱이 먼 바다까지 둥둥 떠밀려 와 한데 모였어요. 전부 우리가 잘 아는 쓰레기들이지요.

바다의 소용돌이, 환류

땅이나 강, 바다 주변에서 유입된 쓰레기는 흐르고 흘러 바다로 모여요. 해류를 따라 떠다니다가 환류를 중심으로 모인 뒤 점점 커지지요. 그렇게 커진 쓰레기는 섬이 되어 전 세계 바다에 다섯 곳이나 있어요.

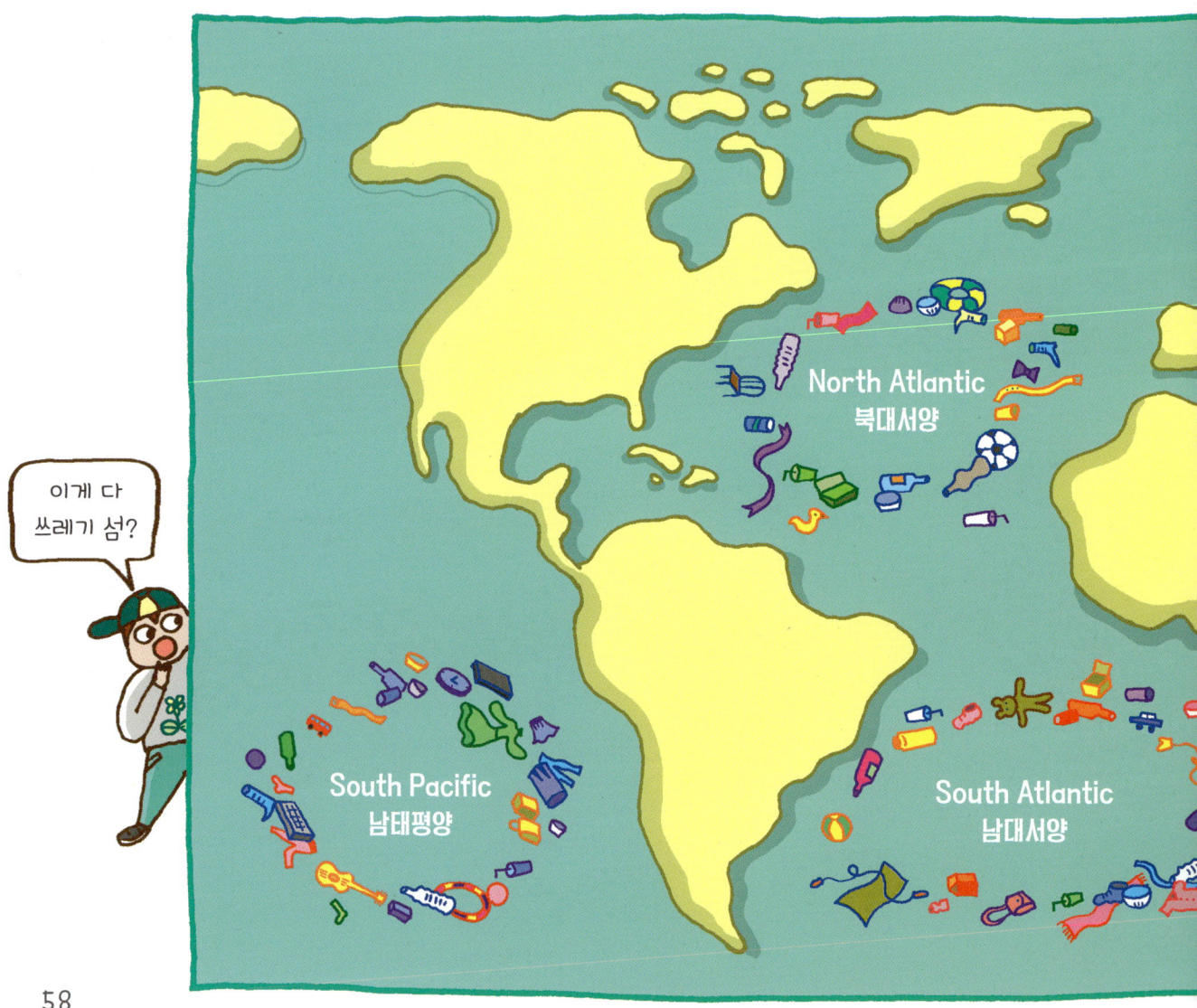

매년 800만 톤의 플라스틱 쓰레기가 바다로 흘러 들어가요. 바다에 떠다니는 쓰레기의 80퍼센트 이상이 플라스틱이지요. 이대로 가면 2050년에는 플라스틱이 물고기 수보다 많아질 거예요. 그물을 걷으면 물고기보다 플라스틱이 더 많은 세상이라니, 상상이 가나요?

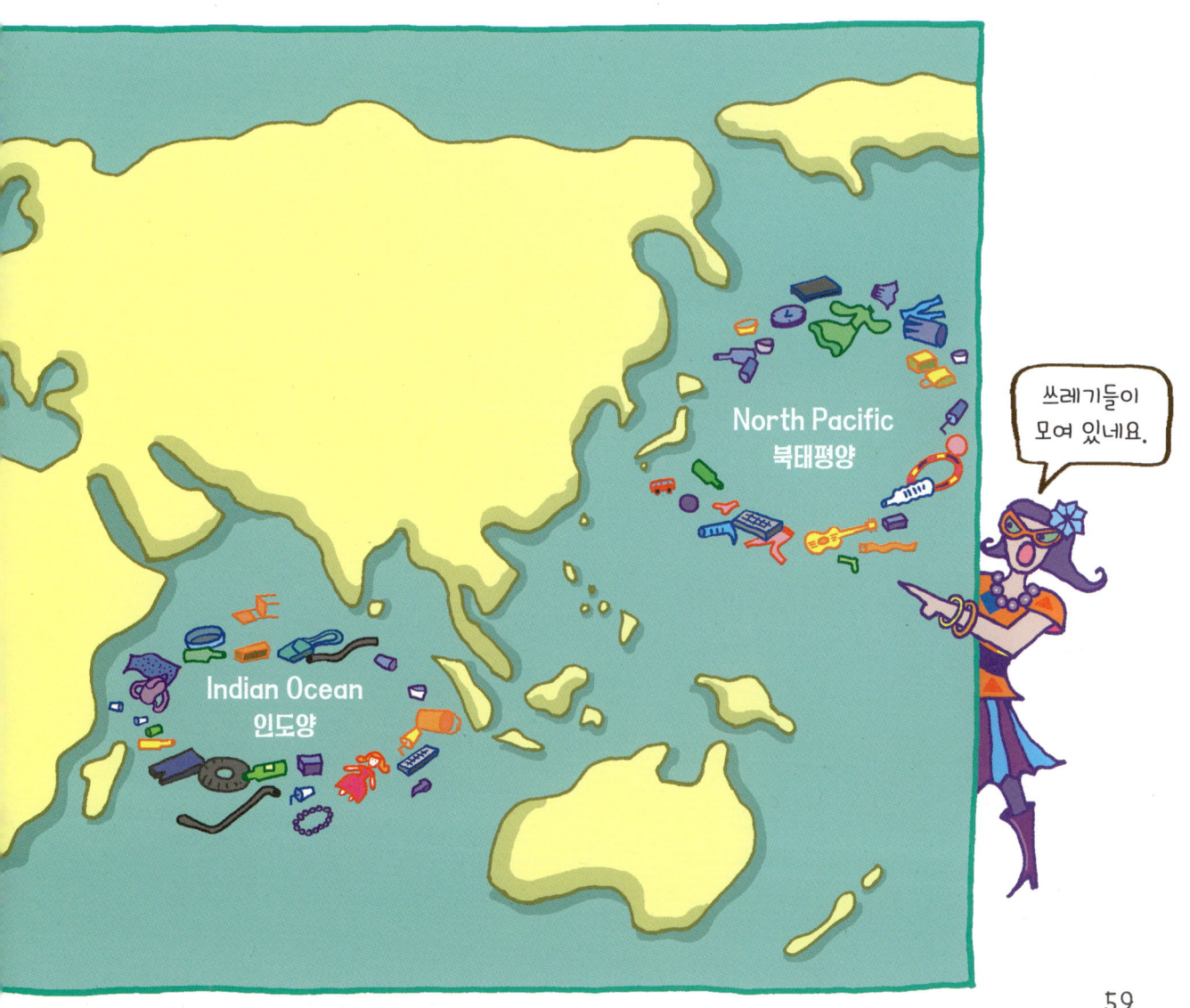

동물을 괴롭히는 플라스틱 쓰레기

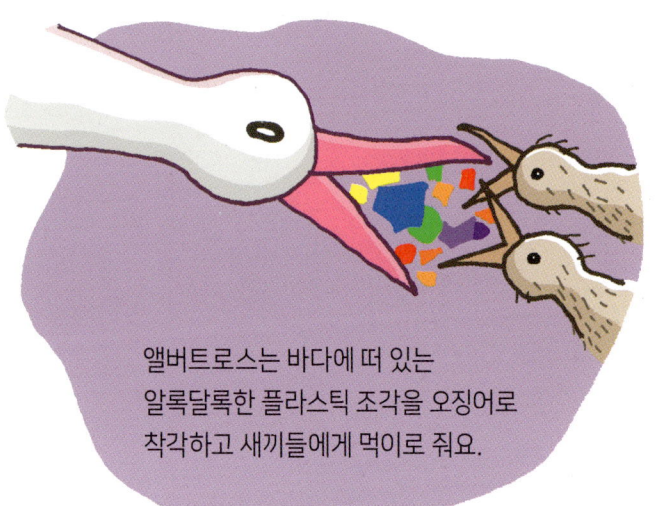

앨버트로스는 바다에 떠 있는 알록달록한 플라스틱 조각을 오징어로 착각하고 새끼들에게 먹이로 줘요.

돌고래들은 떠다니는 비닐봉지를 해파리로 생각하고 삼켜요.

코에 빨대가 낀 거북이 숨을 쉬지 못해요.

코로나19 동안 전 세계에서 버린 일회용 마스크 줄에 바닷새들의 발이 걸렸어요.

질기고 단단한 비닐에 몸이 낀 바다거북이 성장하지 못해요.

닭뼈와 플라스틱

고생대나 중생대 같은 말을 들어 본 적이 있나요? 백악기나 쥐라기는요?

이 용어들은 지질학에서 지구의 시간을 구분하는 말이에요. 학자들은 인간이 지구에 등장하기 아주 오래 전부터 현재까지 시간을 특징에 따라 큼지막하게 나누었어요. 그리고 최근에 여기에 '인류세'를 추가했어요.

인류세는 네덜란드 과학자인 파울 크뤼천이 가장 처음 쓴 말이에요. 지질학적으로 인류가 지구에 흔적을 남긴 시대를 구분하기 위해 썼죠.

처음에는 다들 인류세라는 단어를 농담처럼 받아들였어요. 그런데 기후 위기를 피부로 느끼기 시작하면서 이제는 모두가 수긍하는 말이 되었어요.

인류세를 주장하는 근거는 총 세 가지예요. 첫 번째, 인류의 활동으로 지구 육지의 1/3이 이상이 변형되었다는 거예요. 두 번째로 대기의 구성 성분이 달라졌어요. 이산화탄소 농도가 지난 200년 간 40퍼센트 증가했고, 메테인 농도는 2배로 늘어났지요. 마지막으로 미래의 지질학자가 지층을 연구했을 때 지금 우리 인간의 활동을 뚜렷이 확인할 수 있는 증거를 찾을 수 있다고 해요.

그 증거가 무엇인지 아나요? 바로 닭뼈와 플라스틱이에요.

전 세계적으로 한 해 도살되는 닭은 약 500억 마리예요. 이렇게나 많은 닭뼈를 인간이 지구에 남겼다니, 정말 놀랍고도 무섭지 않나요? 외계에 사는 지질학자들이 있다면 지구를 정복한 동물이 닭이라고 착각할지도 몰라요.

닭뼈 말고 우리가 지구에 남긴 흔적이 또 있어요. 바로 플라스틱이에요. 분해되지 않는 플라스틱 쓰레기 더미를 수북이 남긴 인간을 미래의 지구 후손들은 어떻게 생각할까요?

제 4 관 종합 상황실

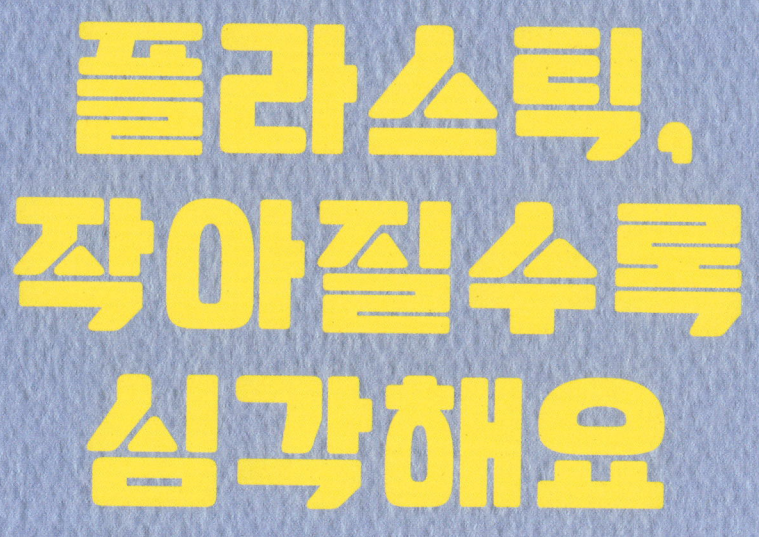

플라스틱,
작아질수록
심각해요

작고 작은 미세 플라스틱

플라스틱은 잘 썩지 않지만 그렇다고 영원하지도 않아요. 플라스틱도 서서히 마모되기는 하니까요.

여러분이 갖고 있는 플라스틱 장난감을 살펴보세요. 매끈하고 광택이 나던 표면이 긁히거나 손상되지 않았나요? 아주 오랜 시간이 걸리겠지만 플라스틱도 아주 조금씩 닳는답니다.

사람의 손길에도 닳겠지만 플라스틱은 바람, 물 등에 의해서도 더디게 부서져요. 이 과정에서 쪼개지는 플라스틱 조각은 눈에 보이지 않을 만큼 작아요. 이렇게 입자가 아주 작은 플라스틱을 '미세 플라스틱'이라고 해요.

미세 플라스틱:
크기 5mm 이하의 플라스틱을 말해요. 마이크로플라스틱(microplastic)이라고도 불러요.

나노 플라스틱:
크기 1µm(마이크로미터) 이하의 플라스틱을 말해요. 미세 플라스틱보다 더 작은 나노 크기의 플라스틱 입자예요.

사람에 의해서나 자연적으로 작아진 미세 플라스틱 말고도 또 다른 종류가 있어요. 기업이 일부러 미세하게 만든 플라스틱이죠.

화장품 중에는 스크럽이라고 피부의 각질을 제거하기 위해 만든 크림이 있어요. 여기에는 아주 작은 미세 플라스틱 알갱이들이 들어가요. 샴푸나 세탁 세제에 넣기 위해 미세 플라스틱을 만들기도 해요. 이를 깨끗하게 해 주는 미백 치약, 좋은 향기가 나는 섬유 유연제에도 미세 플라스틱이 사용돼요.

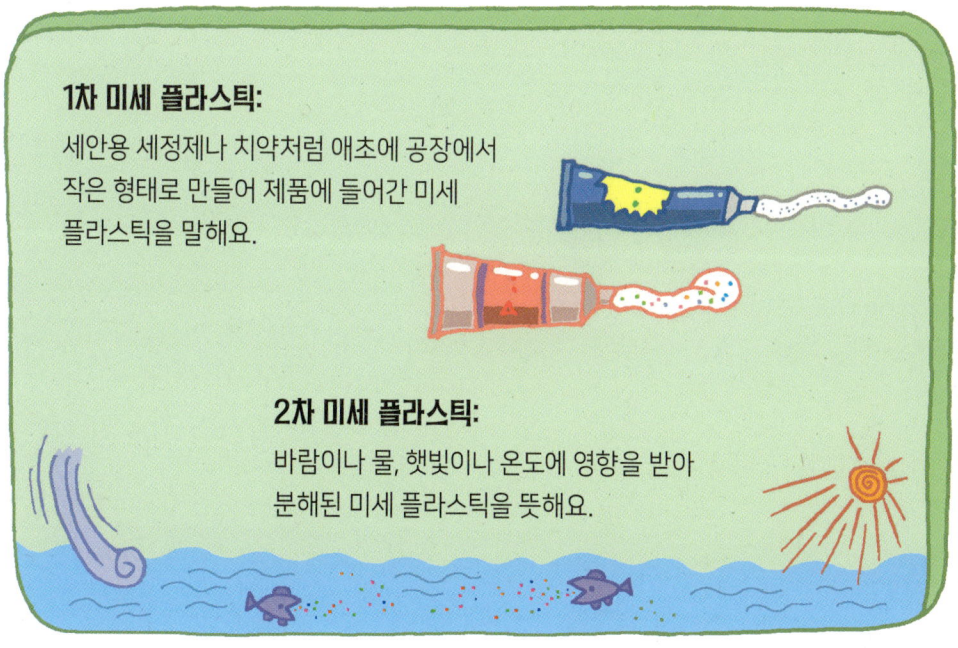

1차 미세 플라스틱:
세안용 세정제나 치약처럼 애초에 공장에서 작은 형태로 만들어 제품에 들어간 미세 플라스틱을 말해요.

2차 미세 플라스틱:
바람이나 물, 햇빛이나 온도에 영향을 받아 분해된 미세 플라스틱을 뜻해요.

우리가 쓰는 제품에 미세 플라스틱이 잔뜩 들어간 걸 알았다면 사서 쓸까요? 소비자는 무엇이 우리 건강과 환경에 이로운지 알 권리가 있어요.

옷에서도 미세 플라스틱이 나온다고?

플라플라 체험카페에 처음 왔을 때 특수 안경을 쓰고 플라스틱을 찾았던 일 기억하시죠? 그때 여러분이 입고 있던 옷에서 빛이 났던 이유를 이제 밝힐게요. 그건 바로 합성 섬유가 플라스틱이라 그래요.

옷은 대부분 천연 섬유가 아닌 합성 섬유로 만들어요. 그런데 옷이야말로 많이 닳고 헤져요. 시간이 지나면서 떨어져 생긴 섬유 가닥을 '미세 섬유'라고 해요. 미세 섬유도 플라스틱이니까 미세 플라스틱이에요.

미세 섬유는 섬유 가닥이기 때문에 특성상 가늘고 길어요. 그래서 물속이나 생물의 몸속에서 잘 뭉쳐요. 몸 밖으로 배출하기가 더 어렵죠.

옷에서도 미세 플라스틱이 나온다니, 정말 충격이지 않나요? 더 놀라운 사실을 하나 알려 드릴까요? 옷에서 미세 섬유가 가장 많이 나올 때는 언제일까요? 여러분이 열심히 뛰어 놀 때? 아니면 땀을 흘릴 때? 정답은 세탁기에서 옷을 빨 때예요.

　세탁기는 오염된 옷을 물속에서 빠르게 회전시켜서 오염물을 섬유에서 분리해요. 세탁기가 없던 시절에는 냇가에서 빨래 방망이로 두들기거나 문질러서 때를 뺐어요. 이제는 때리거나 두들기는 역할을 세탁기가 대신하는 거예요. 이렇게 힘을 가하는데 섬유 표면이 떨어져 나가는 건 당연해요.

　세탁기가 무수한 미세 섬유가 들어간 빨랫물을 하수구에 버리면, 그 물은 정화 시설을 지나 바다로 가요. 미세 섬유처럼 작은 입자는 정화 시설에서 거를 수 없어요.

　미세 섬유는 아무 방해도 받지 않고 물을 따라 전 세계 어디든 돌아다닐 수 있답니다.

피를 타고 흐르는 나노 플라스틱

미세 플라스틱이 흙과 물에 있다면 우리가 미세 플라스틱을 먹거나 마시지 않는다고 장담할 수 없어요. 우리 모두 흙에서 자란 작물을 먹고 물을 마시며 살아가니까요.

맞아요. 우리 몸속에도 미세 플라스틱이 있어요. 심지어 성인은 물론이고 아직 엄마 배 속에서 태어나지 않은 태아의 몸속에서도 미세 플라스틱이 발견된다고 해요.

그렇다면 우리는 미세 플라스틱을 얼마나 먹을까요? 한 연구 결과에 따르면 성인 한 사람이 일주일 동안 미세 플라스틱을 평균 2,000개 정도 먹는다고 해요. 이를 무게로 환산하면 매주 신용 카드 한 장 무게인 5그램 정도를 먹는 셈이죠. 한 달이면 칫솔 한 개 무게인 21그램 정도의 미세 플라스틱을 먹고요.

일주일에 한 장 꼴로 플라스틱을 먹는다니!

우리 몸에 들어온 크기가 큰 미세 플라스틱 대부분은 몸 밖으로 배출돼요. 오줌이나 똥, 땀과 함께 나가지요.

하지만 나노 플라스틱은 작아도 너무 작아서 우리 핏줄과 신경계를 돌아다녀요. 몸속에서 염증과 암을 일으키고 심지어는 뇌와 신경에도 영향을 주지요.

플라플라 체험카페에 와서 특수 고글을 썼을 때 옷뿐 아니라 우리 몸도 빛났던 이유를 이제 알겠나요?

플라스틱을 사용하다 못해 이제는 우리도 플라스틱을 먹게 되었어요. 지구를 덮치고 몸 깊숙한 곳까지 침투한 플라스틱, 모두 인간이 책임져야 해요.

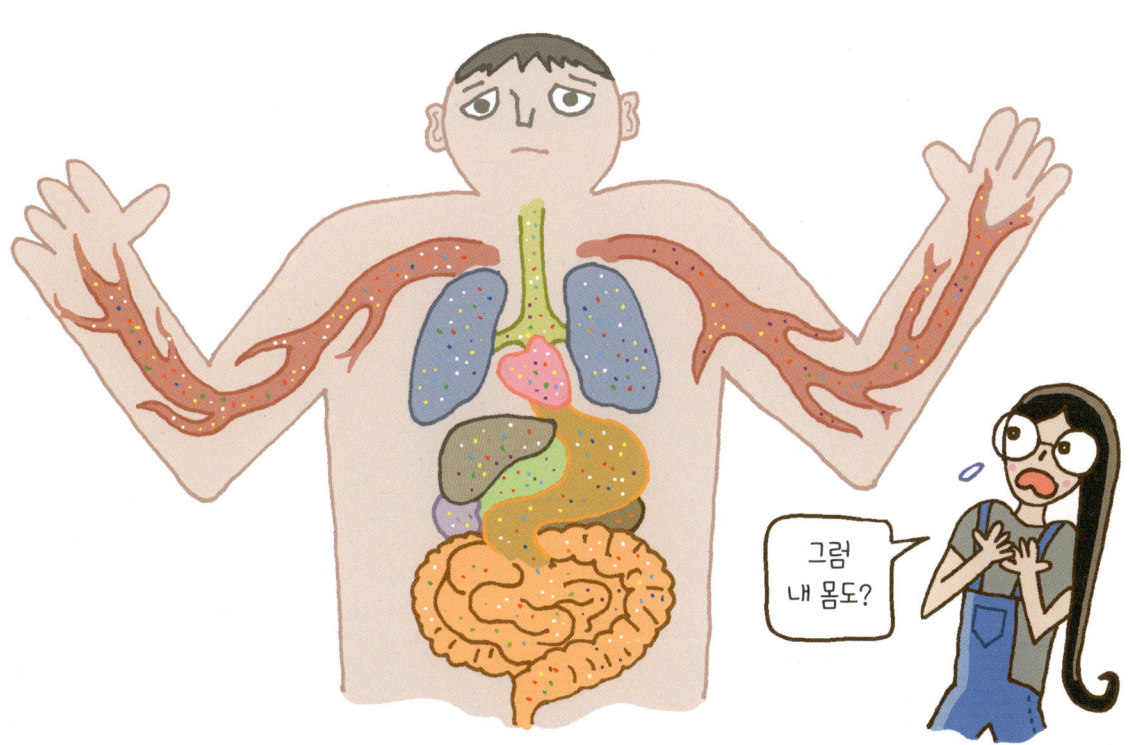

미세 플라스틱은 어떻게 몸속으로 들어올까?

미세 플라스틱은 작아서 찾기도 어렵고 거르기도 힘들어요. 점점 더 많은 미세 플라스틱이 바다로 흘러갔다 다시 우리 몸속으로 들어온답니다.

플라스틱을 땅이나 강물, 바다에 버려요.

바다로 흘러들어 간 플라스틱은 햇빛, 바람, 해류에 의해 작게 쪼개져서 미세 플라스틱이 돼요.

처음부터 작게 만든 미세 플라스틱도 하수 처리장에서 걸러지지 못하고 바다로 흘러가요.

플랑크톤이 미세 플라스틱을 먹이로 착각해 먹어요.

몸속에 미세 플라스틱이 쌓인 플랑크톤을 물고기가 다시 잡아먹어요.

고래와 바닷새처럼 더 크고 강한 상위 포식자들이 물고기를 잡아먹어요.

우리는 미세 플라스틱을 먹은 물고기나 새우를 먹어요. 이외에도 공기 중 미세 먼지를 통해 미세 플라스틱이 들어오거나 플라스틱 용기에서 식품으로 떨어지기도 해요.

플라스틱, 금지하고 거르자

"프랑스는 생물 다양성과 환경 보호를 보장하고 기후 변화에 맞서 싸운다."

이 문장은 프랑스 헌법 1조에 새롭게 추가될 뻔했던 글귀예요. 한 나라의 근간이나 다름없는 가장 중요한 헌법 1조에 기후 변화에 관한 내용이 들어간다니, 정말 놀랍지 않나요? 결국 통과하지 못했지만 이 개정안은 전 세계인의 마음에 큰 울림을 주었어요.

프랑스는 전 세계 국가 중 가장 먼저 미세 플라스틱에 대응하는 법률을 만든 나라예요. 이에 따라 2025년부터는 세탁기에 미세 섬유를 거르는 필터를 의무적으로 달아야 해요. 호주와 영국 등 다른 나라들도 비슷한 법을 만들기 위해 준비 중이에요.

　무분별한 비닐봉지 사용을 줄이기 위해 법이나 제도를 만든 나라들도 많아요. 그중 가장 처음 시행한 나라는 방글라데시예요.

　방글라데시는 2002년에 세계 최초로 비닐봉지 사용을 규제했어요. 비닐봉지가 하수구를 막아 빗물이 배수로로 흘러가지 못하고 넘치는 바람에 큰 홍수가 났거든요.

　우리나라도 전에는 가게에서 비닐 봉투를 아낌없이 마구마구 나누어 주었지만 이제는 영업장에서 비닐 봉투와 쇼핑백을 공짜로 제공하면 안 돼요. 비닐 봉투를 무상으로 나누어 주면 벌금을 내도록 법을 제정했거든요.

　시민들 스스로 일회용품을 줄이면 좋지만, 그럴 수 없다면 법과 제도를 바꿔야 해요. 국가가 나서서 플라스틱을 덜 쓰도록 유도하는 일도 중요하답니다.

플라스틱을 내쫓는 나라들

영국
2016년부터 화장품에 미세 플라스틱을 사용할 수 없어요.

프랑스
2016년부터 일회용 플라스틱 봉투 사용을 금지했어요.

유럽 연합(EU)
2022년 1월부터 재활용이 불가능한 플라스틱 쓰레기에 1킬로그램당 0.8 유로의 플라스틱 세금을 부과해요. 2030년까지 유럽 연합 내 모든 일회용 포장지를 재활용 또는 재사용 포장지로 바꾸기로 했어요.

중국
2017년까지 세계에서 가장 많이 플라스틱 쓰레기를 수입했지만 2018년부터 폐플라스틱과 폐금속 수입을 중단했어요.

한국
2019년에 대형 마트와 슈퍼마켓에서 일회용 비닐봉지 사용을 금지했어요. 2022년 4월 1일부터는 카페와 제과점 매장 내 일회용품 사용을 금지했어요. 포장해서 가져가는 일회용 컵에 보증금을 부과하는 '일회용 컵 보증금제' 도입을 준비 중이에요.

방글라데시
2002년부터 비닐봉지 사용을 금지한 최초의 국가예요.

인도네시아
'쓰레기 비상사태'를 선언하고 2018년부터 세계적인 휴양지인 발리에서 비닐봉지, 스티로폼, 플라스틱 빨대 사용을 금지했어요.

말레이시아
2021년 일부 주에서 일회용 비닐봉지에 세금을 부가했어요. 일회용 비닐 사용을 줄이고, 비닐봉지 때문에 고통받는 해양 생물을 위한 조치라고 해요.

호주
2022년부터 호주 시드니에서는 일회용 플라스틱 빨대를 쓸 수 없어요. 일회용 플라스틱 사용을 단계적으로 금지하여 2025년에는 일회용 플라스틱 사용을 중단할 거예요.

77

제 5관 명예의 전당

플라스틱 제로를 향해

바닷속 미세 플라스틱 탐사 전동차

미국에 사는 '안나 두'라는 어린이를 소개할게요. 안나 두는 바닷가에 놀러 가서 반짝이는 바다 유리를 줍다가 플라스틱 조각을 발견해요. 그때서야 해변에 쌓인 온갖 플라스틱 쓰레기가 눈에 들어왔지요.

안나 두는 플라스틱이 쉽게 쓰이고 금세 버려진다는 사실을 깨달았어요. 누군가가 산 플라스틱 컵은 잠깐 손에 들려 있다가 휙 버려져서는 쓰레기 매립지로 향해요. 먼 바다를 떠다니거나 작게 부서져 전 세계를 떠돌기도 하지요.

"어떤 플라스틱은 내가 가보지도 못한 곳까지 여행하겠군!"

안나 두는 자기가 좋아하는 과학과 발명으로 플라스틱 문제를 해결하기 위해 노력했어요. 바다를 떠도는 플라스틱을 분별하고 처리할 수 있는 방법을 고민했지요.

그러던 어느 날 대학에 과학 강연을 들으러 간 안나 두는 고분자 분야를 연구하던 존 시달 박사를 알게 되었어요. 안나 두는 용기를 내어 존 박사에게 이메일을 보냈어요. 존 박사는 어리지만 열정을 갖고 플라스틱 문제를 해결하려는 안나 두에게 기꺼이 손을 내밀었지요.

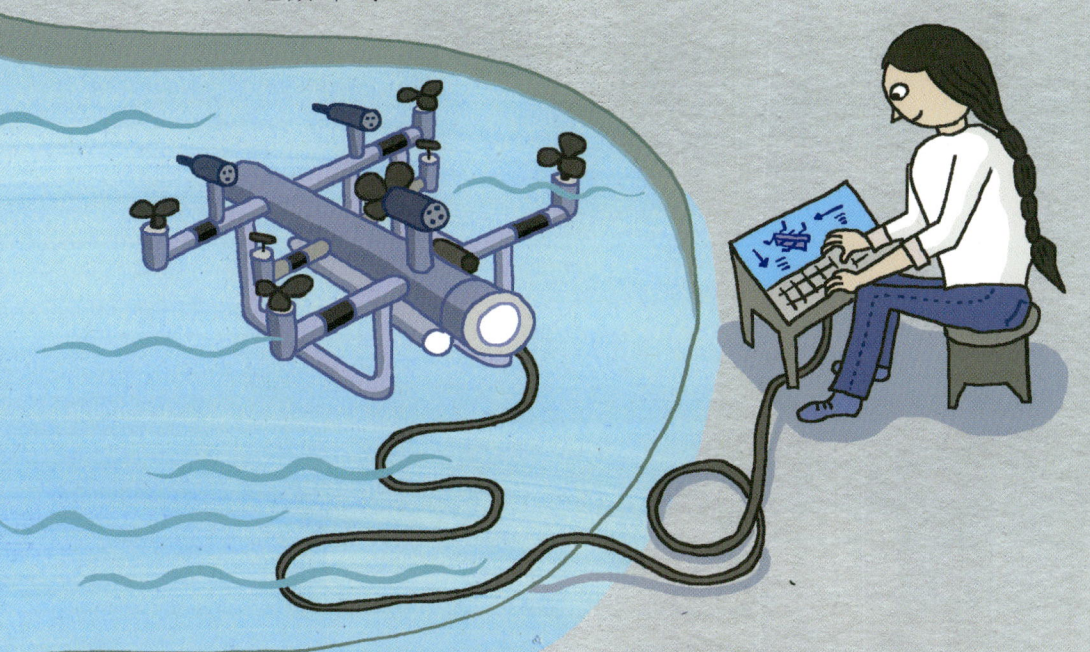

안나 두는 박사님과 가족, 친구들의 격려를 받으며 연구를 계속했고 마침내 미세 플라스틱 탐지용 원격 해저 전동차를 발명했어요. 이 발명품으로 미국 매사추세츠주 과학·공학 전람회에서 상도 받았지요.

안나 두는 그 후로도 미세 플라스틱이 모인 바다 공간 지도를 만드는 연구를 계속하고 있어요.

우리는 더 이상 안 쓰지, 비닐봉지

플라스틱 문제를 알리고 심각성을 일깨우기 위해 바다에 눈을 돌린 어린이는 안나 두만이 아니에요.

인도네시아의 아름다운 섬이자 관광지인 발리에 살면서 서핑을 즐기던 소녀 멜라티는 바다를 사랑했어요. 그런데 멜라티가 아끼는 바다에 점점 더 많은 쓰레기가 쌓이기 시작했어요. 멜라티의 동생은 해변을 달리다가 비닐봉지에 걸려서 다치기도 했지요.

멜라티는 이를 그냥 두고 보지만 않았어요. 발리에서 '잘 가, 비닐봉지(Bye Bye Plastic Bags)'라는 캠페인을 시작하고 더 이상 비닐봉지를 쓰지도 버리지도 말자고 외쳤어요. 같은 이름으로 단체도 만들었지요.

안나 두와 멜라티를 보면 지구를 구하는 데 나이는 중요하지 않다는 걸 알 수 있어요. 지구를 위해 행동하는 사람들은 많으면 많을수록 좋아요. 목소리를 내고 거리로 나가서 실천하는 사람들이 이 세상에는 더 많이 필요해요.

지구를 위해 어떤 일을 할 수 있을까요?

비치코밍(beachcombing)

해변을 뜻하는 '비치(beach)'와 빗질을 의미하는 '코밍(combing)'이 만나 만들어진 단어예요. 해안에 떠밀려 온 쓰레기를 줍고 바다를 깨끗하게 하는 활동을 말해요. 이런 활동을 하는 사람 '비치 코머(beachcomber)'라고 불러요.

플로깅(plogging)

스웨덴어로 이삭을 줍는다는 뜻인 '플로카 웁(plocka upp)'과 영어로 느리게 달린다는 의미인 '조깅(jogging)'이 결합해 만들어진 단어예요. 달리거나 산책하며 쓰레기를 줍는 활동을 말하지요. 줍깅(주우면서 조깅), 쓰줍(쓰레기 줍기)도 비슷한 말이에요. 이번 주말 친구들, 가족들과 함께 강변이나 공원으로 쓰줍을 가면 어떨까요?

바다 위 쓰레기를 쓸어 담자

플라스틱 쓰레기, 그중에서도 바다에 버려진 쓰레기를 청소하는 일은 몹시 어려워요.

거리에 버려진 플라스틱 일회용 컵이 하나 있다고 생각해 봐요. 컵을 주워서 분리배출하는 건 그다지 어렵지 않아요. 딱 한 사람만 허리를 굽혀서 줍고 쓰레기통에 넣으면 되니까요.

그런데 태평양 한가운데에 똑같이 플라스틱 일회용 컵이 하나 떠다닌다면 어떨까요?

넓고 넓은 바다에는 그 컵을 주울 사람이 없어요. 아주 가끔 버려진 컵 주위로 고기잡이배나 요트가 지나갈 수도 있지만, 그 배에 탄 사람이 몸을 내민다고 컵을 주울 수 있는 건 아니죠. 못 보고 지나쳐 갈 가능성도 높고요.

플라스틱 컵이 열 개나 스무 개, 아니, 백만 개 바다에 떠 있어도 그 쓰레기를 회수하는 건 어려워요. 누군가 쓰레기를 처리하기 위해 바다에 배를 띄우지 않는 이상은요.

그런데 놀랍게도 배를 띄울 생각을 한 사람이 있어요. 1994년에 태어난 네덜란드 청년 보얀 슬랫이 그 주인공이에요.

보얀 슬랫은 열여섯 살 때 그리스 바다를 헤엄치다가 바닷속에 플라스틱 쓰레기가 엄청 많다는 사실을 알고 충격받았어요. 그 후 보얀 슬랫은 학교도 그만두고 본격적으로 연구를 시작해서 결국 세계 최초로 바다 청소 시설을 개발했지요.

바다 청소 시설의 원리는 쓰레기들이 바다 소용돌이를 따라 몰려 있는 곳을 찾아 내 둘레에다 벽을 설치하는 거예요. 다른 곳으로 나가지 못하고 벽을 따라 안쪽에 모인 쓰레기는 그물 같은 물건으로 담아 끌고 나와요. 큰 배들이 그물로 물고기를 쓸어 담는 방법과 비슷해요. 물고기가 아니라 쓰레기를 건진다는 점이 다르지만요.

보얀 슬랫은 바다 쓰레기를 모으고 그 자리에서 쓰레기를 재활용하고 처리할 수 있는 시설도 개발했어요. 태양광과 조력, 풍력 등을 사용해 시설을 운영했지요. 또한 바다를 청소하고 깨끗하게 하는 일을 지속적으로 하기 위해 비영리 재단도 세웠는데 그게 바로 '오션 클린업(Ocean Cleanup)'이에요.

당시 열여덟 살이었던 보얀 슬랫의 아이디어와 의지에 전 세계가 크게 호응했어요. 오션 클린업은 태평양을 떠도는 플라스틱 쓰레기 섬을 줄이는 일도 하지만, 북극부터 남극까지 전 세계 바다에 생긴 쓰레기 섬 실태를 연구하고 조사하기도 해요.

보얀 슬랫이 우리나라에 몇 차례 방문한 걸로 알고 있는데 언젠가 플라플라 체험카페에도 찾아오면 좋겠어요. 서로 할 이야기가 많을 것 같네요.

바이오 플라스틱은 괜찮을까?

 바이오 플라스틱은 재생 가능한 원재료로 만들어지는 플라스틱이에요. 바이오 플라스틱은 크게 두 가지로 나뉘어요. 첫 번째로 생분해성 플라스틱(biodegradable plastic)이 있어요. 미생물에 의해 기존 플라스틱보다 빠르게 분해가 가능하죠. 두 번째로 화석 연료가 아닌 식물로 만든 식물 플라스틱(biomass plastic)이 있어요. 식물 플라스틱 중 생분해가 되지 않는 플라스틱을 바이오 기반 플라스틱(biobased plastic)이라고 해요.

 바이오 플라스틱은 주로 식물성 원료로 만들어요. 1세대 원료에는 사람도 먹을 수 있는 식량 원료로 사탕수수, 옥수수, 감자, 밀 등이 있어요. 2세대 원료는 식량으로 쓰이기 힘든 부분을 사용해요. 옥수수대, 질긴 줄기, 나무껍질, 폐목재 등이 원료로 쓰여요. 그리고 이제는 해조류를 이용한 3세대 원료 연구가 한참이지요.

바이오 플라스틱 중 식물 플라스틱은 소각하거나 폐기했을 때 유해 물질이 덜 나와요. 그렇다고 단점이 아주 없는 건 아니에요. 원료를 기르고 재배하는 과정에서 에너지를 많이 사용해요. 여전히 굶주리는 사람들이 많은데 먹을 수 있는 식량을 플라스틱 생산에 쓰는 일도 비윤리적이고요. 또한 분해가 빨리 되지 않으면 일반 플라스틱과 다를 게 없어요.

그렇다면 생분해성 플라스틱은 어떨까요? 기존 플라스틱보다 빨리 분해가 된다고 하지만 상대적인 기준일 뿐이에요. 흙에서 빠르고 자연스럽게 썩는 수준까지 개발하려면 시간도 더 걸려요. 지금 당장 플라스틱 문제가 심각한데 언제까지 기다리고만 있을 수는 없어요.

썩는 플라스틱이라는 이미지 뒤에서 기업들이 '그린워싱'을 한다는 지적도 있어요. 소비자들의 죄책감을 더는 수단으로 악용할 수도 있다는 거죠. 장기적으로 볼 때 플라스틱은 덜 쓰고 안 쓰는 것만이 답이에요.

그린워싱(greenwashing)
'위장환경주의' 혹은 '친환경 위장술'이라고도 말해요. 실제로 쓰레기를 줄이려는 노력은 하지 않으면서 단지 친환경적인 이미지를 만들기 위해 눈속임하는 기업들의 행태를 가리키는 말이에요.

플라스틱을 먹는 곤충이 있다고?

놀랍다고 해야 할까요, 고맙다고 해야 할까요? 플라스틱을 먹는 곤충이 있어요.

최근 과학계에서 주목을 받는 곤충이 바로 갈색거저리(Darkling beetle)예요. 애벌레 때 밀웜으로도 쓰이는 곤충이지요. 밀웜은 동물 사료, 곤충 먹이로 쓰거나 사람이 먹는 식용 곤충을 말해요.

바로 이 갈색거저리가 폴리스티렌을 먹어치운다는 연구 결과가 발표되었어요. 폴리스티렌은 가벼운 병뿐 아니라 택배 배송할 때 충격을 막아 주는 보충재나 보온, 보랭이 필요한 재료를 나를 때 쓰는 스티로폼 등에 쓰여요.

폴리스티렌을 먹어도 갈색거저리는 몸이 아프거나 죽지 않았다고 해요. 플라스틱 쓰레기를 아주 먹성 좋게 먹어치웠는데 성장하는 데 아무 지장이 없었대요. 갈색거저리의 장 속에 있는 미생물이 폴리스티렌을 분해한 거예요.

플라스틱 쓰레기 문제의 구세주로 떠오른 곤충이 하나 더 있어요. 꿀벌부채명나방(Greater wax moth)이에요.

꿀벌부채명나방은 양봉업계에서 악명 높은 해충이에요. 벌집에 찾아와서 밀랍을 먹어치우거든요. 꿀벌 애벌레도 잡아먹고 꽃가루와 꿀도 먹어요. 꿀벌부채명나방이 알을 낳으면 그 벌통은 벌들도 죽고 꿀도 모을 수 없어서 손해가 커요. 양봉업자 입장에서는 미워할 수밖에 없는 곤충이지요.

그런데 이 꿀벌부채명나방이 폴리에틸렌을 먹어서 분해한다고 해요. 우리나라 연구팀에서도 확인했는데 꿀벌부채명나방 애벌레 100마리가 12시간 동안 폴리에틸렌 92밀리그램을 처리했어요. 몸속 미생물의 작용으로 가능했던 건데 그 미생물이 무엇인지는 아직 밝혀지지 않았어요.

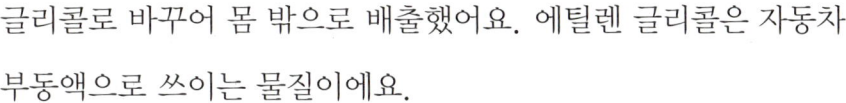

게다가 꿀벌부채명나방은 폴리에틸렌을 먹고 에틸렌 글리콜로 바꾸어 몸 밖으로 배출했어요. 에틸렌 글리콜은 자동차 부동액으로 쓰이는 물질이에요.

곤충과 미생물에 조금 기대를 걸어도 좋을까요? 그런데 우리가 쓰고 버린 플라스틱 쓰레기를 아주 작은 생물들이 처리한다고 생각하니까 많이 미안한 마음이 드네요. 저만 그런가요?

절망의 반대말, 행동!

지금 이 순간에도 1초당 수만 개씩 생산되는 플라스틱을 줄이려면 어떻게 해야 할까요?

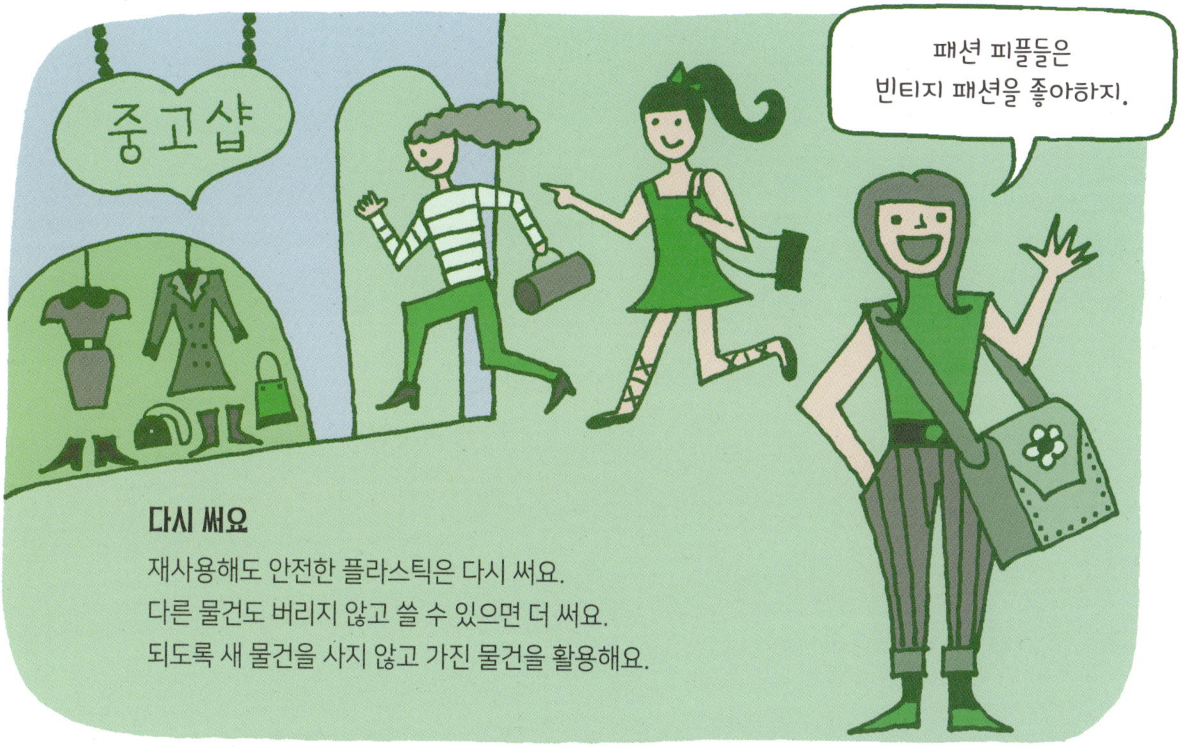

패션 피플들은 빈티지 패션을 좋아하지.

다시 써요
재사용해도 안전한 플라스틱은 다시 써요.
다른 물건도 버리지 않고 쓸 수 있으면 더 써요.
되도록 새 물건을 사지 않고 가진 물건을 활용해요.

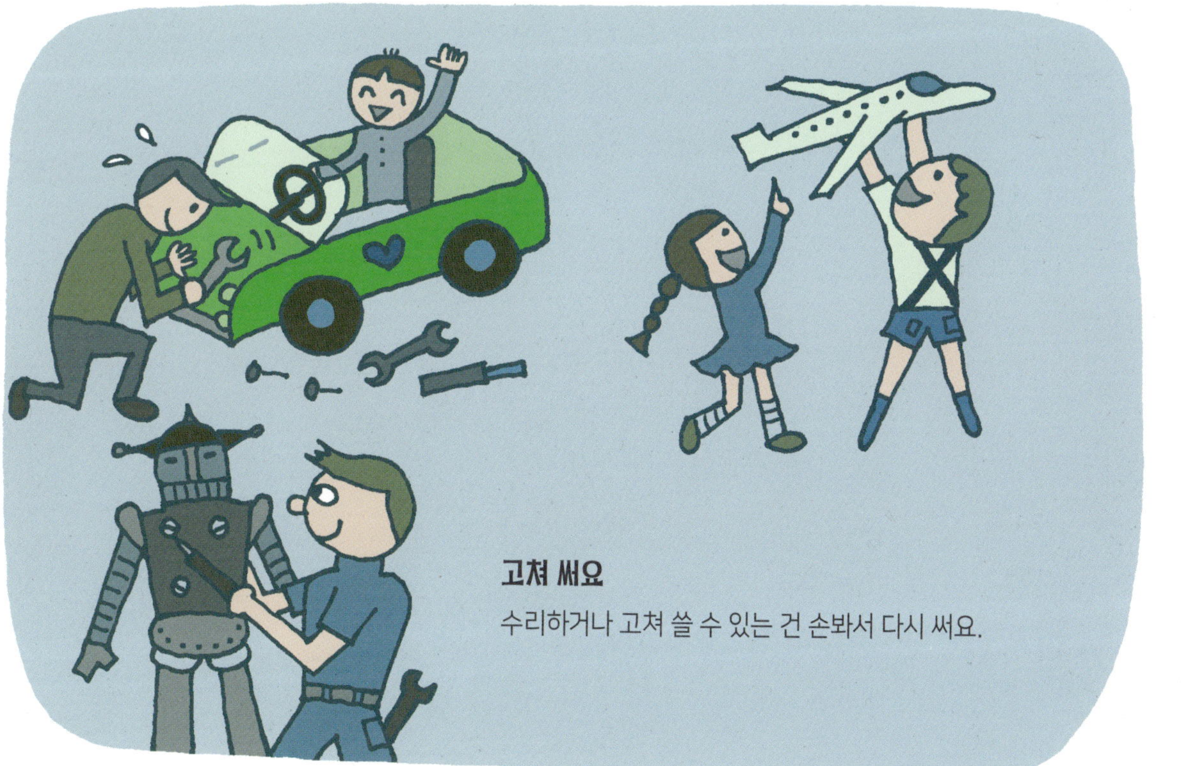

고쳐 써요
수리하거나 고쳐 쓸 수 있는 건 손봐서 다시 써요.

그밖에도 우리가 할 수 있는 일은 많아요. 이미 많은 이들이 플라스틱 문제를 해결하기 위해 나섰어요. 젊은 세대와 어린이들도 지구를 살리기 위한 다양한 시도를 하고 있답니다.

꼭 사야 하는 물건이 있다면 제로웨이스트 가게를 찾아가 보세요. 그곳에서 파는 물건들은 지구에 부담을 덜 주기 위해 만들어졌어요. 대부분 쓰레기를 재활용하거나 친환경 소재를 이용해 제작되었지요. 제로웨이스트 가게에서는 플라스틱 포장 없이 식자재를 사거나 환경과 동물을 생각한 물건을 구매할 수 있어요. 플라스틱 없는 삶을 실천하는 사람들을 만나 볼 수도 있고요.

동네에서 플로깅을 하거나 환경 운동을 하는 엔지오(NGO) 단체를 후원하는 일도 좋은 방법이에요. 플라스틱을 금지하는 법이나 제도를 지지하기 위해 목소리를 내거나 기업을 상대로 플라스틱이 덜 들어간 제품을 요구할 수도 있어요.

더 나아가 플라스틱 제로를 외치는 거리 행진에 참여하거나 모임에 들어가는 방법도 있어요. 지구를 걱정하고 염려하는 사람들과 함께 바꾸어 나가요.

에필로그

플라플라 체험카페를 부탁합니다

플라플라 체험카페 특별 투어는 여기까지입니다. 이곳에서 보낸 시간이 어떠셨는지요? 이 체험카페가 마음에 드셨나요?

선뜻 마음에 든다고 하기에는 해결할 문제가 참 많지요. 하지만 플라플라 체험카페를 아끼고 사랑해 주면 좋겠어요. 왜냐하면 여러분께 이곳을 선물할 예정이거든요. 앞으로는 모든 소유권과 운영을 여러분께 맡기려고 합니다.

왜 이런 결정을 내렸느냐고요? 저는 이미 나이가 많거든요.

플라스틱이 처음 등장했을 때 저는 실시간으로 그 소식을 접했어요. 보자마자 플라스틱에 홀딱 반했고, 홍수처럼 공장에서 쏟아져 나오는 플라스틱을 소비했어요. 그러다가 나중에는 한 번만 쓰고, 몇 초만 쓰고 버리는 지경에 이르렀지요.

물론 이건 저 혼자만의 이야기는 아니에요. 광고에서는 500년이 가도 썩지 않는 플라스틱을 단 몇 분만 사용하고 버려도 괜찮고, 심지어 멋진 삶이라고 홍보하기도 했어요. 지금 이 순간에도 수많은 사람들이 플라스틱을 마음껏 쓰고 버리지요.

하지만 그런 생활 방식에 익숙해지면 무엇도 해결할 수 없어요. 우리에게는 남은 시간이 얼마 없답니다. 지금 당장 행동해요!

작가의 말

고백합니다. 이 책을 쓰는 것은 저에게 쉽지 않은 일이었습니다. 플라스틱이라는 숙제가 부담스러워서 그랬어요. 숙제를 하면서 애꿎은 머리카락만 쥐어뜯었답니다. 왜 그렇게까지 어려웠냐고요?

일단 복잡한 화학식과 플라스틱 이름들이 불친절하게 느껴졌어요. 사실 플라스틱은 너무 두루뭉술한 이름이에요. 플라스틱의 종류는 너무 많고 다양한 모습으로 변할 수 있거든요. 딱딱한 플라스틱도 있고 말랑한 플라스틱도 있고 플라스틱처럼 안 보이는 플라스틱도 있지요. 플라스틱의 원료, 즉 원유에서 출발했다는 공통점 말고는 생김도, 특성도 다 다르지요. 그만큼 플라스틱은 갖가지 모습으로 우리 생활에 들어와 있어요. 일상 곳곳에서 사용하는 물건들 대부분이 플라스틱으로 되어 있답니다.

이 책에 실린 지식과 정보를 달달 외울 필요는 없지만, 우리가 쓰는 물건들 중엔 플라스틱이 많다는 걸 기억했으면 좋겠어요. 특히 잠깐 쓰고 버리는 포장 용기 대부분이 플라스틱이라는 사실을 알아 뒀으면 해요. 정말 중요한 것은 이 깨달음에서부터 시작되니까요.

사실 플라스틱은 쓰레기 문제가 아주 심각해요. 땅과 바다 여러 곳에 지금 이 순간에도 플라스틱 쓰레기가 쌓이고 있지요. 플라스틱은 미세 플라스틱으로 잘게 쪼개져 우리 몸속까지 들어오기도 해요. 우리의 건강과 안전을 위협하지요. 미세 플라스틱은 인간뿐 아니라 다른 동식물, 나아가 지구 생태계에도 심각한 부담을 줘요. 그래서 플라스틱을 생각하면 마음이 우울해요. 플라스틱 문제를 아주 모르지는 않았지만 그걸 모른 척했거든요.

요긴하게 쓰던 플라스틱이 우리에게 독이 되어 돌아온다는 사실을 알고 있었어요. 머리로는 알면서도 '괜찮을 거야. 아직은 지구가 버틸 만할 거야.' 하고 외면했지요. 미안하고 염치가 없어서 괴롭지만, 죄책감에 시간을 낭비하지 않기로 했어요. 지구를 뒤덮은 플라스틱 쓰레기 문제는 더 이상 여유가 없어요. 알리고, 바꾸고, 행동할 시간도 부족해요.

아주 사소하고 작은 것이라도 약속하고 지키기로 해요. 각자 할 수 있는 일을 생각해 보고 실천으로 옮겨요. 장바구니, 텀블러, 손수건을 챙겨 다니고 플라스틱으로 된 물건을 대신할 수는 없는지 대체품을 찾아 봐요. 일회용품을 쓰지 않고, 제로 플라스틱을 위한 제도를 만들기 위해 서명 운동에 참여할 수도 있어요. 우리가 할 수 있는 일은 아주 많답니다.

참, 한 가지 중요한 사실을 말해 줄게요. 조금만 관심을 갖고 주위를 둘러보세요. 이미 우리 주변에는 열심히 행동하고 실천하는 멋진 사람들이 아주 많아요. 이런 사람들을 친구로 둔다면 약속을 지키기는 더 쉬워지고, 우리의 행동은 더욱더 큰 힘을 갖고 퍼져 나갈 거예요.

2022년 겨울
플라스틱 제로를 열심히 실천하는 멋진 친구들을 둔 친구 부자,
그리고 나 또한 그런 친구가 되고 싶은 임정은

추천사

　플라스틱 쓰레기가 환경에 남기는 문제를 다룰 때 흔히들 오염의 현황을 나타내는 통계, 혹은 플라스틱으로 잘못된 제품을 만들어 내는 사례나 분리배출의 허술함을 부각하는 데 집중합니다. 동물들이 피해를 입는다거나 바닷물에 플라스틱 쓰레기 섬이 떠 있는 사실들을 활용해 감성에 다가가기도 하죠.

　하지만 근본적인 문제로 접근하기 위해서는 플라스틱이라는 물질 자체의 특성을 먼저 이해해야 합니다. 플라스틱이 인류에게 주는 편익이 자연 생태계에는 거꾸로 해가 되거든요. 게다가 편익으로만 여겨졌던 특성이 사실 그렇지 않았다는 것을 인류는 뒤늦게 깨닫기 시작했습니다. 그렇지만 그 속도는 참으로 늦어요. 문제가 있음을 알지만 여전히 생활 속에서는 플라스틱을 마구 씁니다.

　그 어느 것보다도 심각한 플라스틱 문제를 세상에 알리는 일은 쉽지 않습니다. 플라스틱이 주는 효용을 마음껏 누리는 문명의 한가운데서 정작 플라스틱의 폐해를 알리는 일은 누가 봐도 이율배반이죠. 그럼에도 우려와 경고의 목소리를 내야 합니다.

　그런 점에서 이 책은 그 기본에 충실합니다. 우선 플라스틱의 문제점을 다양한 관점에서 조망하거든요. 플라플라 박사가 안내해 주는 대로 가상의 카페 공간을 이동하면서 플라스틱의 특성을 알게 하고, 왜 플라스틱이 문제가 되는지를 유추합니다. 또한 과학적인 사실을 이용해서 플라스틱의 특성을 쉽게 이해할 수 있습니다. 같은 플라스틱이라도 제조법에 따라서 다른 특성을 가진다는 사실도 알려 줍니다. 미세 플라스틱이나 생분해성 플라스틱, 그린워싱 등 이차적인 이슈에 대해서도 명쾌한 설명을 하고 있죠. 이 책을 읽다 보면 자연스럽게 '플라스틱 제로'라는 대안을 선택할 수 있답니다.

  플라스틱 문제에 대한 다양한 지식과 사실에 기초한 견해를 갖게 한다는 점에서, 어린이만 읽을 필요는 없겠다고 생각합니다. 부모가 읽어 주거나 어른과 함께 읽는 플라스틱 책으로도 더할 나위 없이 훌륭합니다. 이 책을 통해서 길고도 어두운 플라스틱의 터널을 빠져나와 빛을 보는 것과 같은 희망을 만나기를 소망합니다.

강신호(대안기술에너지연구소 소장)

참고 자료

책

《미래가 온다, 플라스틱》 김성화, 권수진 지음, 백두리 그림, 와이즈만북스, 2021

《바다의 생물, 플라스틱》 아나 페구, 이자베우 밍뇨스 마르칭스 지음, 베르나르두 카르발류 그림, 이나현 옮김, 살림어린이, 2020

《발명으로 바다를 구할 테야》 안나 두 지음, 김지하 그림, 송미영 옮김, 초록개구리, 2021

《세상에 대하여 우리가 더 잘 알아야 할 교양 45》 제오프 나이트 지음, 한진여 옮김, 내인생의책, 2016

《이러다 지구에 플라스틱만 남겠어》 강신호 지음, 북센스, 2019

《잘 가, 비닐봉지야!》 양서윤 지음, 이다혜 그림, 초록개구리, 2021

《플라스틱 세상》 나탈리 공타르, 엘린 세니에 지음, 구영옥 옮김, 폭스코너, 2021

동영상

《Wasteminster: A Downing Street Disaster》 Greenpeace International (2021), https://www.youtube.com/watch?v=Hr6RqGg6ExE